ENTERPRISE EVOLUTION

A LONG-TERM STRATEGIC MAP

企业进化

长期战略地图

施炜◎著

机械工业出版社
China Machine Press

图书在版编目（CIP）数据

企业进化：长期战略地图 / 施炜著 . —北京：机械工业出版社，2020.10

ISBN 978-7-111-66673-8

I. 企⋯ II. 施⋯ III. 企业成长 – 研究 IV. F271

中国版本图书馆 CIP 数据核字（2020）第 186393 号

企业进化：长期战略地图

出版发行：机械工业出版社（北京市西城区百万庄大街 22 号	邮政编码：100037）
责任编辑：王 芹	责任校对：殷 虹
印　　刷：北京诚信伟业印刷有限公司	版　　次：2020 年 10 月第 1 版第 1 次印刷
开　　本：170mm×230mm 1/16	印　　张：19.5
书　　号：ISBN 978-7-111-66673-8	定　　价：99.00 元

客服电话：(010) 88361066　88379833　68326294	投稿热线：(010) 88379007
华章网站：www.hzbook.com	读者信箱：hzjg@hzbook.com

版权所有 · 侵权必究
封底无防伪标均为盗版
本书法律顾问：北京大成律师事务所　韩光 / 邹晓东

···PREFACE···
前言　企业进化的算法

企业进化的含义

企业成长是企业从小到大、从弱到强的过程。从可量化的指标来看，成长表现为经营业绩、资产规模的持续增长；从组织能力角度来看，成长是指竞争力的提升。如果把企业看作生命体，成长就是企业与环境的互动，是持续不断的选择，是机能变化、适者生存的演进。

从长期角度来看，企业生命体的成长必然包含进化。如果时间永无止境、成长可以轮回，万物生长就等同于万物进化。在较短的时间内，企业可能成长了，但未必开始了进化；若将时间轴拉长，企业不进化就不可能持续成长。在生物种群中，个体生命率先发生基因变异，往往是对成长需要的呼应。

企业进化的含义是：企业作为复杂的生命体，在适应环境、与环境互动的过程中，不断实现结构、机能等的演变和发展，改进生存和发展模式，从而延续企业组织的寿命。下面我们对企业进化做进一步解释。

第一，企业是目的性复杂系统，具有特定的功能、意义和价值属性；

在长期带有随机性质的进化过程中，有目的地选择成长方向。

第二，企业在长期进化过程中依据环境变化，发展特有能力，保持和提升组织活力，并以此作为自身长期生存、永续经营的依托。

第三，和生物界一样，企业也有复制基因、扩大规模及范围的内在冲动，但复制时往往会出现或大或小的变化。企业的分支机构或收购兼并的企业往往会发生变异，并且其中的局部或边缘性差异有可能引发重大的整体变化。

第四，企业在进化过程中，需发生多次乃至无穷多次迭代，因此需遵循长期主义，对每次迭代发出指令、进行干预，在不确定环境中寻求确定性选择（见图 0-1）。

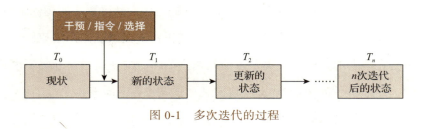

图 0-1　多次迭代的过程

第五，企业进化起点的高低不是问题，关键是迭代要"动起来"，即在超长期的时间轴上，不断实现自我进步，不断超越竞争者。

第六，企业进化不可能一蹴而就，就好像人类直立行走不是某一天突然练成的，而是经过了漫长的努力一样。企业进化并不是匀速的：环境相对稳定时，进化就会慢一些，而环境变化加剧时，进化也会相应加速。当微小的进化累积到一定程度时，企业生命体有可能发生基因突变。

之所以导入生物学中的进化概念，是因为它对企业成长有较强的解释力。本书对企业进化的观照，采取的是某"个"企业的角度，这样可能偏离了生物学从种群角度对进化的严格定义。在某种程度上，笔者在书中使用"进化"一词，是一种类比。

企业进化的逻辑和步骤

在一些科学家看来，万物进化皆计算。[一]从一般意义来说，计算是指处理信息和变换信息。从系统论角度来看，计算是规则作用于输入而产生输出的过程，也可以说，计算是执行算法（规则）的过程。最广义的算法，是解决特定问题的逻辑和步骤。在我们的研究中，算法则是指企业进化的模型和方案，由若干个相互作用的变量、规则（指令）组成。

企业进化模型框架（即本书的结构），如图 0-2 所示。

完成主营业务（主航道）选择以及商业模式设计是企业进化的前提，这意味着企业已度过创业阶段。在此基础上，企业进化的起点是顾客价值增量，即顾客价值的差异和变化。不断设定并实现顾客价值增量，即顾客价值迭代，是企业进化的基本方式。"增量"和"迭代"这两个变量或指令，体现了企业进化的方向由外部确定，创造顾客价值是企业存在的理由等基本原则。同时，"增量"也是企业控制与环境交互过程的最重要的变量。

顾客价值迭代的发生，涉及企业所有的价值创造活动。企业系统做功（创造价值）的状态就是存活的状态。但在物竞天择、适者生存的竞争环境下，企业存活下来并不是一件容易的事。因此，企业需在

[一] 约翰·E 梅菲尔德. 复杂的引擎 [M]. 唐璐，译. 长沙：湖南科学技术大学出版社，2018. 格雷戈里·蔡汀. 证明达尔文 [M]. 陈鹏，译. 北京：人民邮电出版社，2015.

竞争视域下找到独特的、超越竞争对手的生存模式。在企业内部视野下,生存模式是价值创造活动的组合及运动方式,是商业模式的具体化和动态化。从竞争角度来看,生存模式是竞争中的取胜之道,即战法。

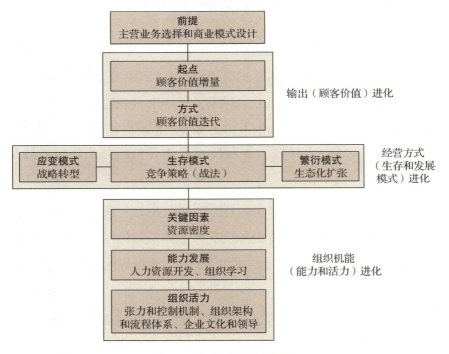

图 0-2　企业进化模型框架

顾客价值的基础和源泉是各种经营资源和要素,包括资金、技术、人力资源、数据资源等。企业价值创造、战法实践的过程,是资源整合的过程;顾客价值动态迭代的过程,则是资源密度持续增加的过程。在所有资源中,人力资源最为重要,也最具能动性。与之相关的劳动密度(产品、服务中的劳动含量),是顾客价值创造和企业进化的关键因素。这里的劳动主要指复杂劳动、知识劳动和智慧劳动。劳动密度这一概念揭示了改革开放以来中国企业进化与成长的内在依据和原因，也昭示了企业进化的未来路径。

顾客价值迭代、生存模式优化、资源密度尤其是劳动密度的增加，都依赖于组织的能力发展和活力增强。前者涉及人力资源开发、组织学习等活动和举措，后者则涉及组织架构、流程体系、企业文化等多种组织机制的调整、优化和变革。能力发展和活力增强，既是企业有关进化活动的支撑和保障，也是企业进化的核心内容。同时，它们是最重要但也最困难的进化干预，要想取得显著成效，需要具备高超的组织技术和卓越的领导力。

图 0-2 中的纵轴说明了企业基于主营业务的进化逻辑和步骤。企业在进化过程中，还会出现两种情形：一是企业成长到一定规模和阶段，通常会产生业务扩张（多元化）的内在要求；二是当环境发生变化时，企业需做出回应即进行战略调整和转型。业务扩张和战略转型是企业进化的应有内容，其方式和路径属于企业的发展模式——它和企业生存模式共同构成了图 0-2 中的横轴。对我国大部分企业来说，生态化扩张是业务扩张的基本方向，而改变物种、改变生态位以及改变竞争能力则是战略转型的主要途径。企业一旦进入新的业务领域或完成战略转型，战略前提改变后的进化则又沿着图 0-2 纵轴进行了。

由此，我们可以概括出企业进化的三个层次：输出（顾客价值）进化、经营方式（生存和发展模式）进化、组织机能（能力和活力）进化。

将企业进化算法（模型）具体化，可以描绘出企业长期战略地图（见图 0-3）。这里的"长期"既意味着企业进化永无止境，也意味着企业所有的进化活动、行为和干预，均有面向未来的长远（很难用具体的时间长度来描述）意义。

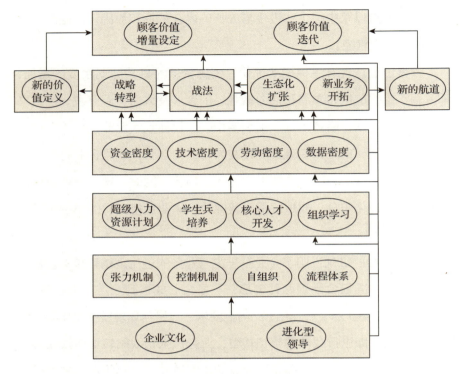

图 0-3　企业长期战略地图

注：方框中的各变量/模块之间存在网络状的联系，它们彼此之间的连接未一一画出。

关于本书的几点说明

本书的目标读者，主要是企业家和企业高层管理者（统称为企业领导者），当然也包括将要成为或立志成为企业领导者的朋友。而企业领导者所在企业的主要特征是度过了创业期，已经具有一定规模，进入了机会成长阶段乃至系统（能力）成长阶段。本书内容几乎适合所有领域的企业，尤其适合实体经济企业和所谓传统产业中的正在努力实现技术进步和内涵增长的企业。

本书提出了长期视角下企业进化的结构化解决方案。"结构化"既体现在全书整体框架以及部分章节的模型上，也体现在进化算法的内在一致性、关联性、整体性及系统性上。本书注重实用性，它既像内容浓缩的操作大纲，也像可分专题、变量及模块查询的工具书。为了帮助企业领导者更有效地推动企业进化，本书对解决方案背后深层次的认知方式、组织文化模式也有所涉及。

本书有鲜明的本土特色。书中讨论的问题本身及解决问题的方法均来自本土企业。书中的企业进化算法是我国优秀传统企业长期进化成功经验的总结。在某种程度上，这套算法揭示了我国卓越企业的进化奥秘。我相信，读者如果细细琢磨图0-2所示的企业进化主线，就能发现我国企业的成功密码以及不可遏制的内在力量。

本书致力于企业成长理论和战略理论的创新。真正的理论创新并不在于导入其他学科的一些似乎新颖的概念，而在于更贴切、更精准地表达和解释企业进化的事实和实践，提出更可行、更有穿透力的理念和主张，使理论建构和实用方法合为一体。本书的创新之处主要有：第一，作为全书主轴的企业进化算法（增量—迭代—战法—密度—能力—活力），以资源密度（主要指劳动密度）为枢纽，贯通战略和组织（竞争力）两个层面；劳动密度的概念既有实践基础、国情特色，又有理论解释力和导向性。第二，以顾客价值增量为进化起点、以顾客价值迭代为基本进化方式的动态分析方法，既符合我国众多企业顾客价值基础较弱的现实状况，同时又具有鲜明的算法特征（一两个动作、步骤引发一系列动作、步骤），符合边缘变化引发整体变化的系统演变原理。第三，针对有关企业进化的专题，提炼出一些首创的模型，或对一些概念做了新的阐释，如生态化扩张、产业/市场分析框架、战略转型途径、组织学习模型、组织活力机制、进化型领导等。笔者试图在每一章都能给读者带来一些新的东西。

本书是笔者与苗兆光合著的《企业成长导航》（机械工业出版社，2019年）的姊妹篇。两本书的内容并不交叉重复。如果把企业成长和进化比作一条河流，《企业成长导航》讲的是这条河从哪里来，经过了哪几个河段，以及将向哪里去，即以时间为主轴的企业成长阶段划分。《企业进化》则从河流横截面的角度，概括了河流的若干个要素（变量），说明其相互关系和联动作用。尽管《企业进化》的分析框架有一定的动态和时间属性，但其主轴是这些要素（变量）的空间顺序。需要特别说明的是，对于《企业成长导航》中提出的企业如何从机会型成长转向系统（能力）型成长问题，本书给出了答案。

···CONTENTS···
目 录

前言　企业进化的算法

第一篇

企业进化的基本方式

第一章　企业进化的起点：顾客价值增量　/2

顾客价值的含义　/2
顾客价值的构成　/4
顾客价值的表达　/6
顾客价值增量的含义　/8
顾客价值增量例证　/10
顾客价值增量对于企业进化的意义　/13

第二章　顾客价值增量的设定　/17

顾客价值维度工具　/17
顾客价值增量和顾客需求　/20

顾客价值增量设定需遵循的若干原则 / 23
顾客价值增量和不确定性 / 26
顾客价值增量和调控参数 / 27

第三章　顾客价值迭代 / 30
顾客价值迭代的含义 / 30
顾客价值曲线 / 32
顾客价值迭代与产品/服务平台 / 36
顾客价值迭代和商业模式创新 / 37
顾客价值迭代的发生 / 40

第二篇
企业生存模式

第四章　竞争中的取胜之道：战法 / 46
什么是战法 / 46
战法的边界 / 49
战法的前提：战略定位 / 51

第五章　国内消费品市场战法（一）：规模化价值链 / 57
价值链的大江大河 / 57
目标市场和产品价值 / 58
研究开发和供应链 / 60
渠道及深度分销 / 61
传播和促销 / 63
价格竞争和零售结构 / 64
组织体系 / 67
国际版深度分销 / 67

第六章　国内消费品市场战法（二）：立体连接　/ 73

顾客流量分布的三个空间　/ 73
通往三个空间的桥梁　/ 75
认知、交易、关系一体化　/ 76
三种功能在三个空间内的分布　/ 77
连接模式的选择　/ 79
立体连接模型的扩展意义　/ 81

第七章　国内外中间工业品市场战法：饱和式服务　/ 85

战法框架　/ 85
目标市场　/ 86
产品价值　/ 87
服务价值　/ 88
研究开发　/ 91
供应链　/ 92
竞争结构　/ 94
产业环境　/ 95
组织体系　/ 96

第八章　国内消费服务市场战法：连锁复制和顾客流量飞轮　/ 99

线下连锁复制的模块构成　/ 99
线下连锁复制的基础：样板　/ 101
线下连锁复制机制　/ 104
连接平台和赋能体系　/ 106
互联网顾客流量飞轮　/ 108

第三篇

企业发展模式

第九章 生态化扩张 /114

业务扩张的方向和途径 /114
与业务多元化相关的问题 /116
企业生态化业务体系 /121
要素型生态化扩张 /126
顾客型生态化扩张 /132
垂直型生态化扩张 /135
复合型生态化扩张 /139

第十章 新业务选择和拓展 /147

新业务拓展的关键因素 /147
产业/市场分析框架 /149
新业务拓展方式 /153
相关组织能力 /155

第十一章 环境变化和企业应变 /156

变化的类型 /156
什么是不确定性 /159
企业经营环境当下的变化 /161
应对环境变化的思维方式 /166
渐变环境下的战略转型 /173
巨变中的自救措施 /184

第四篇

组织的能力和活力

第十二章 资源密度 / 190

密度的含义 / 190
劳动密度 / 193
认知密度和行为密度 / 194
其他资源密度 / 198
资源密度与成本、收益 / 201

第十三章 战略性人力资源开发 / 203

能力的组成要素 / 203
战略与能力的配称 / 205
超级人力资源计划 / 208
内生人力资源开发模式 / 212
信任边界的扩大 / 214
学生兵培养解决方案 / 215
核心人才的开发 / 218
有效学习的特点和标志 / 220
组织学习模型 / 222
向优秀运动队学习能力训练 / 228
模型和模板 / 229

第十四章 张力机制和控制机制 / 233

企业活力公式 / 233
企业活力机制 / 234

XV

熵减：防止组织衰老　/236
张力机制　/237
控制机制　/242

第十五章　从科层制到自组织　/247

科层制的特点　/247
什么是自组织　/248
自组织化的意义　/251
自组织管理　/253
价值流组织形态　/255
双平台组织形态　/257
叠加型组织　/259

第十六章　流程体系构建　/261

价值创造活动和流程体系　/261
流程体系设计　/264
流程型组织　/269
流程数字化　/275

第十七章　企业进化的引领和约束：组织文化及领导　/279

企业文化的定义和评价标准　/279
企业文化对于企业进化的意义和作用　/281
进化型领导者　/285

后记　/291

第一篇

企业进化的基本方式

企业进化的起点：顾客价值增量

顾客价值的含义

在已经选定主营业务的前提下，顾客价值增量是企业进化的起点。其设定和生成，是企业进化的起始步骤。

在说明和分析顾客价值增量之前，我们先来看看什么是顾客价值。

经济学家亚当·斯密在《国富论》中对价值的定义是："（它）有时指某些特殊物品的效用……可称作使用价值。"㊀政治经济学理论把商品价值分为使用价值和交换价值。本书中对顾客价值的定义是：以产品和服务为载体，被顾客认同、接受并可以得到的效用。

㊀ 亚当·斯密. 国富论[M]. 唐日松，等译. 北京：华夏出版社，2005：23.

上述价值定义中的顾客，是指产品和服务的直接用户。在一些与互联网商业模式相关的文献中，研究者刻意将顾客和用户分开，认为在互联网商业模式下，用户未必付费，付费（购买）的才是顾客。其实，在几乎所有的商业模式下，用户都是要付费的，只不过在某些情形下是直接付费，在某些情形下是间接付费；或者短期暂不付费，但长期需付费。即使真正免费获取的产品和服务，也是用自身的数据资产等与互联网服务商交换来的。顾客既包括最终消费者，也包括中间产品/服务的消费者——机构客户。

我们这里所说的效用，取效用的一般含义，是指顾客从产品和服务中所获取的利益、功能等。在《新帕尔格雷夫经济学大辞典》中，对效用的解释是"满足期望的一种能力"。[一] 需要指出的是，从管理学角度来看，顾客价值或顾客效用，并不完全属于主观范畴。顾客价值/效用是其客观属性和顾客主观评价的统一。绝大多数产品和服务本身都包含功能、形态、品质、技术含量、劳动含量、使用成本等客观因素；在此基础上，顾客对其满足需求的程度进行评价，从而使顾客价值得以确定。可以说，客观属性是顾客价值的必要条件，顾客主观评价则是顾客价值的充分条件。

不同产品和服务，客观因素对其价值的影响和作用的程度是不同的。在社会经济体系的产业链条中，上游的材料、装备、零部件等工业品，其顾客价值主要取决于客观属性，顾客主观评价所起的作用很小。由于客观属性是可以衡量和测定的，也是有客观标准的，因此，不同评价主体的结论差异较小甚至基本一致。下

[一] 约翰·伊特韦尔，默里·米尔盖特，彼得·纽曼. 新帕尔格雷夫经济学大辞典[M]. 北京：经济科学出版社，1996：836.

游的消费品，其顾客价值与评价者主观因素的关联程度较高。有些具有艺术属性的商品，虽然不能说完全没有客观属性（一幅国画也有尺寸大小之分），但其顾客价值绝大程度上是由主观因素所决定的。显然，对这类产品和服务，不同评价主体的主观评价存在不同程度的差异，即所谓的仁者见仁，智者见智。但人同此心，在群体（由多个独立的评价个体组成）评价的情形下，对顾客价值的判断往往也会得出相对一致的意见。一部娱乐电影，在观众眼里好看不好看、精彩不精彩，票房收入是最有说服力的验证。

从前面顾客价值的定义中，我们还可以得出几点延伸性的结论：

第一，顾客价值与顾客需求、期望有关。凡是不能满足顾客需求、期望或者与之无关的效用，都不是真正的顾客价值。

第二，顾客价值与顾客的认知和评价有关。顾客因不能认知和理解而做不出评价，或因评价太低而不愿意付出任何代价（即不接受）的价值，不是真正的顾客价值。

第三，顾客价值与顾客获得价值的可能性有关。凡是顾客无法通过正常的交易途径获得的价值，都不是真正的顾客价值。交易途径主要指销售渠道和场所。例如一所号称免费治疗的医院，如果没有基本的配置和医疗条件，是没有什么顾客价值的。

顾客价值的构成

顾客价值按照其主要功能指向可分为实用价值和非实用价值（心理价值）。前者是在产品和服务中客观存在的，具有为顾客解决问题、提供利益的功能和作用，正如水能解渴、理发服务能修剪头发、数据库软件能存储及管理数据、机床能切削加工金属材料等；而后者则是顾客在情感、精神层面的收获，包括审美愉悦、情绪舒缓、情感宣泄、观念共鸣、服务体验、自我认同，以及自尊、归属、影响力等心理动机的满足，等等。

顾客价值中的实用价值与心理价值，与前面所说的客观属性、主观评价相关，但并不存在直接的对应关系。产品和服务的一些客观属性，也可以是心理价值的载体。以智能手机产品为例，其结构（厚度）、曲屏（弧度）、触摸屏（滑动流畅程度）等，是可衡量、对比的客观元素，它们给顾客带来的，虽有少许实用价值，但主要还是心理价值。

不同的产品和服务，实用价值和心理价值的组合比例不同。有的以实用价值为主，如矿产、原材料、装备、零部件、学校、医院、线上商场等；有的以心理价值为主，如艺术品、时装、电子游戏、旅游文化场景等；有的两者基本均等，如家用电器、家居用品、零售商场、美容服务场所等。在产品和服务的价值构成中，只有实用价值和心理价值其中一种价值的极端情形比较少见。随着时代的发展，几乎所有产品和服务的心理价值都在增加。例如，原本黑不溜秋的机床，现在也变得"性感"了：结构精巧、色泽时尚、反应敏捷（智能）。

在《平衡计分卡》一书中，罗伯特·卡普兰和大卫·诺顿将产品和服务的顾客价值分为三部分（见图1-1）。㊀

㊀ 罗伯特·卡普兰，大卫·诺顿. 平衡计分卡[M]. 2版. 刘俊勇，孙薇，译. 广州：广东经济出版社，2013：58.

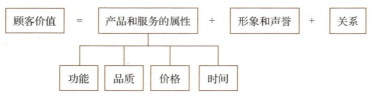

图1-1 产品和服务的顾客价值构成

与卡普兰和诺顿的顾客价值构成公式相类似，菲利普·科特勒将顾客价值分解为产品价值、服务标准、人员价值和形象价值。[一]

顾客价值是顾客需求、期望的映射。顾客对产品和服务的需求及期望往往是多元的，并存在层次结构和递进顺序：首先期望得到什么价值，其次期望得到什么价值……与此相对应，顾客价值也会形成类似的排序结构：核心价值和附属价值，基础价值和延展价值等。需要指出的是，顾客价值的排序是动态的。一些原本重要的价值现在或未来也许变得次要了，而一些新的附属价值则会逐渐变成核心价值；一些以往的延展价值，当下则变成了基础价值。以智能手机为例，随着应用软件的拓展，目前照相和视频体验成为年轻顾客最为关注的价值。再以电视机产品为例，若干年前立体音效是较重要的延展价值，但现在它已经成为必不可少的标准配置（基础价值）。

顾客价值的表达

本章前面我们把顾客价值定义为顾客效用，由此得到顾客价

[一] 菲利普·科特勒. 营销管理（第11版）[M]. 梅清豪，译. 上海：上海人民出版社，2003：66.

值的第一种表述：

$$顾客价值（V）= 顾客效用（U）$$

上面的表述，没有考虑顾客获取价值的代价。顾客做出价值评价和购买决策时，通常是把顾客价值和顾客代价结合在一起考量的。我们引入顾客代价的概念，得出顾客价值的第二种表述：

$$顾客价值（V）= \frac{顾客效用（U）}{顾客代价（C）}$$

上式中的顾客代价包括两个部分：一是购买产品和服务的直接支出，换个角度来看，也就是产品和服务的交易价格；二是获得产品和服务的交易成本。所谓交易成本，是顾客直接支出（产品和服务的价格）以外所有的代价。其中包括信息搜寻的时间精力成本，等待成本，前往购买场所的交通成本，顾客支付的物流配送成本，信息不对称导致的焦虑、不安、不信任等心理成本，权利受损之后的交涉成本，等等。

根据顾客价值的第二种表述，我们可以得出结论：顾客价值与顾客效用成正比，与顾客代价成反比。这一表述也蕴含着产品和服务供给者的竞争策略：增加顾客价值、优化与顾客的价值关系。超越同业竞争对手，主要有两种途径：一是增加顾客效用（差异化）；二是降低顾客代价（成本领先）。这就是迈克尔·波特著名的基本竞争战略理论。[一]

顾客价值还有第三种表述：

$$顾客价值（V）= 顾客效用（U）- 顾客代价（C）$$

按照菲利普·科特勒的营销理论，顾客价值可称作顾客感知

[一] 迈克尔·波特. 竞争优势 [M]. 陈小悦，译. 北京：华夏出版社，1997：10-14.

价值（customer perceived value，CPV），它是总顾客价值与总顾客成本之差。前者指"顾客从某一特定供应品中期望的一组经济、功能和心理利益组成的货币价值"；后者是"在评估、获得、使用和抛弃该市场供应品时引起的一组顾客预计费用"。[一]与科特勒的定义不同，我们上面的三种表述只有逻辑意义，没有用货币计量的计算意义。

无论是顾客价值的第二种表述，还是第三种表述，都意味着顾客追求整体性价比最大化。对产品和服务的供给方而言，产品和服务的性价比定位，实际上是在帮助顾客进行效用和代价的权衡，为顾客提供应采纳的性价比方案。不过，需要指出的是，在全球宏观经济不确定性高的情况下，随着互联网的普及以及新一代消费者（90后、00后）成为市场主体，几乎所有消费品行业以及相关的上游行业都出现了性价比极值化的趋势，即顾客既追求效用，也关注代价，且要求越来越高。站在产品和服务供给方的角度，上面顾客价值的第二种、第三种表述则意味着整体性价比的竞争策略：不仅仅考虑顾客效用或顾客代价某一方面的变量，而是将两者结合起来考虑和安排，在许多情况下，既要控制成本，又要实现差异化。

顾客价值增量的含义

所谓顾客价值增量，是指在现有顾客价值基础上的价值递进

[一] 菲利普·科特勒.营销管理（第11版）[M].梅清豪，译.上海：上海人民出版社，2003：66.

和变化。按照前文对顾客价值的定义，顾客价值增量（ΔV）包括两种形态：一是现有顾客效用基础上的效用差异（ΔU），二是现有顾客代价基础上的代价减值（$-\Delta C$）。有了增量，意味着为顾客创造了更多价值。这两种形态揭示了为顾客创造更多价值的两条基本路径：效用创新和成本降低。从动态角度来看，顾客价值持续保持增量（参见第三章中的"顾客价值迭代"），标志着顾客价值不断提升。

在企业经营实践中，顾客效用和顾客代价常常是同时、同方向变化的：顾客效用增加，顾客代价（产品和服务价格）随之提高；或者反过来，顾客代价降低，顾客效用随之减少。这两种情形下的顾客价值增量是顾客效用增量减去顾客代价增量之后的净增加值。所谓性价比优势，就是顾客价值净增加值为正数。还有一种不易出现的两种增量反方向变化的情形：顾客效用上升，顾客代价反而下降（例如一些进入成熟期的消费类电子、电器产品），顾客价值增量是效用增量和代价减量（绝对值）之和。

顾客价值增量有的可以计量，有的则不能计量（只能进行定性分析）。顾客代价的减量基本上可以量化，但顾客效用的增量有些可以量化，有些则难以量化。大体上说，功能类的效用增量易于量化，设计、审美类的效用增量不易量化；上游产业中间品的效用增量易于量化，下游产业消费品的效用增量不易量化；有形产品的效用增量易于量化，无形服务的效用增量不易量化。需要指出的是，不易量化并不意味着绝对不能量化。例如中年男人常常用来泡枸杞的保温杯保温时间更长一些、容积更大一些等实用效用差异是可以量化的，而外观更漂亮时尚一些、感觉更高雅一些等心理效用差异则很难量化。但无论能否量化，都不会影响对顾客价值增量的定义。

顾客价值增量例证

为便于读者理解顾客效用增量，下面我们举例说明。

——据汽车之家网站报道，2020年初，备受瞩目的电动汽车生产商特斯拉在与锂电池供应商宁德时代谈判时，计划在中国生产的 Model 3 车型中使用无钴电池，更换松下提供的三元锂电池，其主要目的在于降低电池成本，并提高汽车的安全性。无钴电池有几种技术方案，目前主流的是磷酸铁锂，而磷酸铁锂电池的主要问题在于能量密度比三元锂电池低得多。能量密度与汽车续航里程密切相关，根据2019年国家对新能源汽车的补贴政策，续航里程至少要达到250公里[一]，与此相对应的电池系统的能量密度不低于125瓦时/千克。磷酸铁锂电池主力生产厂商比亚迪的车载电池的能量密度已达到140瓦时/千克（续航里程超过600公里）。比亚迪董事长王传福于2020年初对外宣布，正在开发180瓦时/千克的磷酸铁锂电池系统。能量密度从140瓦时/千克增加至180瓦时/千克，增量为40瓦时/千克。

——据微信公众号调皮电商报道，日本著名衬衫品牌镰仓2019年11月在上海开办了中国大陆第一家专卖店。在镰仓专卖店所有的男士衬衫产品中，有一款高级衬衫尤为引人注目，它的标签上

[一] 1公里=1千米。

标明全棉面料 400 支纱。纱支是表示纤维或纱线粗细程度的单位，意指一定重量的纤维或纱线所具有的长度。数值越大，纤维或纱线越细、越均匀。从顾客体验角度看，一般情况下，纱支数越高，面料就越柔软、舒适、光滑，越有高档的质感。前几年镰仓衬衫面料的纱支数最高为 300 支，现在达到 400 支，其中的差值就是顾客效用（品质）增量。

——在咖啡的世界里，第三波咖啡馆近年来兴起。第一波咖啡馆（店）是老式的销售咖啡豆的商店；第二波咖啡馆以星巴克为代表，形态是工业化、标准化的连锁店；第三波咖啡馆中最著名的是美国蓝瓶咖啡（Blue Bottle Coffee）。它虽然也是连锁形态，但每家门店都独具个性。它不用意式咖啡机，而是提供滤挂式手冲咖啡或虹吸式咖啡。比起速食咖啡，蓝瓶咖啡的制作更费时间（不过，它也不属于慢食咖啡）。[一]两种咖啡制作时间之差，可以作为衡量顾客效用（口感）增量的标志之一。

对于蓝瓶咖啡，需要补充说明两点。第一，创新型企业及创新型商业模式，自身如果没有顾客价值基础，可以将对标竞争（或超越）企业的产品/服务价值，或者所在行业通行的产品/服务价值（即有可能被打破和颠覆的行业规则），作为自身的虚拟顾客价值基础。第二，制作咖啡的时间更长，并不意味着越慢越好，而是要恰到好处；用数学语言来说，顾客效用增量存在极限。不仅这一事例，其他事例中也有这种情况。比如家用轿车的速度，并不是越快越好。

除上面三个事例外，我们下面简要地列举一些顾客价值增量

[一] 名和高司. 成长企业的法则 [M]. 汤云丽, 译. 海口：海南出版社，2017.

的例子（具体数值不做说明）：

——手机电池待机时间延长，充电时间缩短，充电方式由有线充电变成无线充电；

——家用空调能耗降低，噪声减少，保修期延长；

——女性时装季节性品种款式增加，品种款式更换节奏加快，面料升级；

——定制家具更加个性化，设计渲染更加逼真，安装、移动更为方便；

——电影院银幕由普通宽银幕变为爱麦克斯（IMAX）超大银幕，服务项目增多（除通常的饮料、零食售卖外，增加书吧、小型游艺等项目）；

——新型建筑材料重量变轻，保温效果提升（导热系数变化）；

——航空发动机高温合金材料最高耐温范围提高；

——数控机床的几何精度、定位精度、切削精度提升；

——视频网站拥有知识产权的内容增加，收视价格（包括会员费）更加低廉；

——电子商务网站精准推送更加智能，商品的交付速度更快，社交功能更多；

……

从上面的事例中可以得出结论：第一，同一种产品或服务，存在多种顾客价值，因此存在多个顾客价值增量；第二，顾客价值增量既有在价值形态不变的基础上数值或参数递进的情形，也有改变价值形态的情形。

顾客价值增量对于企业进化的意义

以顾客价值增量作为企业进化的起点，是逻辑性和实践性的统一，也就是说既符合事理，也适于操作。

从逻辑角度来看，企业作为一个目的性、功能性系统，其输出就是顾客价值，其他价值如企业价值、员工价值、社会价值等都是由顾客价值衍生而来的。不断做"功"（创造顾客价值）是企业在社会经济大系统中存在的基本理由。德鲁克曾经指出，决定企业的，应该是顾客——顾客购买产品或服务的需要。满足顾客需要，才是一个企业的宗旨和使命。本企业是什么性质的企业，只要站在企业以外看，从顾客及市场的角度看，就能找到答案。[一]德鲁克还指出，企业的成果，只能由企业外部的顾客来定义。由此我们可以得出结论：企业进化的方向由外部顾客确定。

复杂系统理论中的动力系统模型证明：任何复杂系统，从初始状态开始变化，最终都会达到它所偏好的状态（即吸引子）。这是系统演变的方向和结局。动态的顾客价值以及顾客价值增量，是人为设定的企业系统吸引子。

企业进化，是企业与环境的互动。而环境大系统中最重要的子系统就是市场和顾客。和市场及顾客的互动，是企业进化的主题和主线。在不确定的环境之中，企业只要贴近、融入顾客，与之拥抱、共舞，就不会偏离正确的进化方向，也不会与不断变化的环境相脱节，而是适应变化，甚至引领变化。这就是随变而变、

[一] 彼得·德鲁克，约瑟夫·马恰列洛. 德鲁克日志[M]. 蒋旭峰，王珊珊，等译. 上海：上海译文出版社，2006.

以变应变。

顾客价值增量，是与外部市场交互的最敏感界面，能够准确传递市场信息，它也是将企业与环境的关系转换为约束组织活动的重要控制参数。[一]同时，支撑顾客价值增量的，是企业创造新顾客价值的特长和能力；从动态的角度来看，不断形成新的增量，意味着企业的竞争优势、存续能力、特有专长及组织活力的提升。

顾客价值增量——这里主要指顾客效用增量，是产品和服务创新的载体、见证和标志。从进化起步时的 $V_0 + \Delta V_0$，到下一时期的 $V_1(= V_0 + \Delta V_0) + \Delta V_1$，再到下下一时期的 $V_2(= V_1 + \Delta V_1) + \Delta V_2$……这是一个持续的迭代创新的过程，是企业创新成长的基本路径。这个过程的确具有"小步递增"的意味。《蓝海战略》的作者认为，小步递增的做法也能改善价值，却不足以使企业在市场中出类拔萃。[二]但是，增量创新并不仅仅意味着小步递增。不同产品、服务的各种顾客价值增量，有不同的创新属性和程度。有时看上去是增量一小步，实际上是创新一大步，甚至是技术上的革命和飞跃。芯片生产从 7 纳米制程工艺（简单地说，是集成电路内电路与电路之间的距离），再到 5 纳米制程工艺，乃至未来的 3 纳米制程工艺……每一次进步，都标志着重大技术、工艺的革新，全世界只有极少数顶尖企业才能做到（这个领域目前主要竞争者只剩下我国台湾台积电和韩国三星等）。

在某些情形下，形成顾客价值增量意味着目标市场、价值定

[一] 鲍勇剑. 协同论：合作的科学 [J]. 清华管理评论，2019（11）：11.
[二] W 钱·金，勒妮·莫博涅. 蓝海战略 [M]. 吉宓，译. 北京：商务印书馆，2005：14.

位调整，而持续的顾客价值增量实现（多次递进和进步），有可能使顾客价值的形态、属性、功能等发生重大调整（甚至可能变成另外的品类），并有可能使商业模式发生嬗变。例如手表这种计时产品，如果一直在外观、造型方面形成价值增量，那么，它就变成首饰了。我们再看看微信的变化。随着服务的不断增加，它已从即时通信产品变成集商场、媒体、支付工具、办公软件等于一体的超级平台。增量创新属于边缘创新，但却有牵一发而动全身的极大的杠杆效应。顾客价值增量从设定到实现，会引发企业所有价值创造活动以及价值网络随之而动、随之而变。而借助于企业的组织机制和系统动能，连续的增量有可能导致整个企业系统发生结构性的变化。

从顾客价值增量和企业战略（主要指特定业务的战略）的关系来看，前者是后者的组成部分。顾客价值增量既属于企业战略中的价值系统，也是企业战略落地的重要手段。企业战略尤其是创新战略，只有落实到顾客价值增量层面，才有了现实意义和操作的可行性。企业将所有资源围绕顾客价值增量进行配置，则意味着将战略性资源投向了战略性机会。追求顾客价值增量是长期主义战略思想的体现，华为等企业的发展历程充分证明了这一点。

对于中国企业来说，以顾客价值增量作为进化起点，具有可操作性和可行性。因为任何企业无论有无顾客价值优势，总是存在一定的顾客价值基础，总有一个顾客价值的存量。对于技术落后的追赶型企业来说，不断创造顾客价值增量，不断踏上更高的顾客价值台阶，是一步步接近领先者乃至超越领先者的必由之路。因此，企业进化基于顾客价值增量，对中国企业来说，具有特殊的意义。我曾目睹一些中小企业在水平很低的基础上起步，一步一步进行产品升级、客户升级和技术升级，逐渐成为国内的行业领先者，并开始在全球市场上向全球领先者发起挑战。

第二章

顾客价值增量的设定

顾客价值维度工具

设计、确定顾客价值增量，意味着在原有顾客价值基础上的创新。如何设定顾客价值增量？我们导入顾客价值维度工具。

顾客价值是个组合（顾客对某种产品及服务的需求是多样的，相应地，供给方提供的价值也是多样的），可以将其分解为多个维度。品牌形象（代表信任、承诺等）可以是其中一个维度，顾客代价则可以分解为其中的两个维度：产品/服务价格（降低）和交易成本（减少）。以大家熟悉的汽车（乘用车）为例，价值维度可以分为安全、节能、动力、舒适度、品质、驾驶感觉、服务等。

对企业来说，分解产品和服务的顾客价值维度时，既可以参照行业内同行的模板（可以将其理解为一种行业规则），也可以新设一些维度（这已经属于产品和服务的定义创新了），如图2-1所示。除非是全新的产品和服务品类，否则产业内的个别企业难以从全新的角度对顾客价值维度进行与众不同的分解。

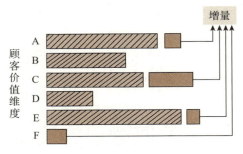

图 2-1 顾客价值维度及顾客价值增量维度

图 2-1 中，斜线图部分代表产品和服务的现有顾客价值，其长度代表各现有顾客价值维度当下的顾客评价优势程度（可以看出哪个是长板，哪个是短板）。如果将企业自身的顾客价值维度图与竞争对手的进行比较，就可以看出本企业的产品和服务在哪些方面超越了竞争对手，在哪些方面比竞争对手逊色。实心图部分代表顾客价值增量，其长度代表增量的大小：有时可能只前进一小步，有时可能前进一大步，甚至一步到位，使增量接近极限——打造所谓的极致产品。顾客价值增量可以是已有价值维度上的递进、延伸、叠加，也可以是增设的维度。

设定顾客价值增量，首先需选择增量所在的价值维度（包括增设维度），也就是说，先确定在产品和服务的哪些方面进行创新。从理论上说，可以选择所有价值维度进行全面改进，但在实践中，绝大多数企业通常只会选择少数价值维度进行改进，以提高价值创新的针对性和聚焦程度：或者使长处更长，或者弥补明显短板，或者必要时增加顾客价值维度。其次，需确定增量的性质，即创新什么：是改变顾客价值的形态（例如前面例子中提到的手机充电方式由有线改为无线，汽车驾驶由自动驾驶升级为智能或无人驾驶），还是在现有顾客价值形态基础上实现一定程度的数值提升（例如航空发动机高温合金材料耐温边界从2000℃提升至3000℃），或者是两者兼而有之（如果增量属于新增维度，那就一定是这种情形）。最后，则需确定增量的变化程度：既有数值上的变化，也有价值形态上的变化（如技术、工艺、设计、材料、人员、环境等有没有重大变化，需不需要较多的资源投入）。

下面以某品牌某款乘用车产品为例，做具体说明（见图2-2）。

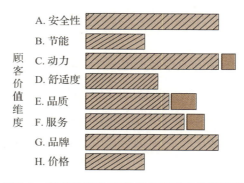

图2-2　某品牌某款乘用车产品顾客价值增量

这款汽车安全性和动力性能卓越，但不太节能（由此可见，一些顾客价值维度是彼此矛盾的，对企业来说需要平衡）；舒适度、品质和服务尚可，但并不出众；品牌是大牌子，价格较高（斜线图越短，说明价格越没有竞争优势）。厂家准备推出这款车的第二代，产品、服务策略大概是这样的：面向新一代年轻消费者，他们关注动力，因此这方面的优势需要更加突出（长处更长），可以考虑使用新型涡轮增压发动机；节能技术面临瓶颈，姑且保持现有能耗不变；顾客反映现有车型有时会出现一些小毛病，所以品质尤其是可靠性需要加强；品牌已经深入人心，未来一段时间内不需要增加广告投入，品牌策略以维护现有形象为主；由于新一代年轻消费者比较"懒"，在服务的某些方面尤其是信息反馈、远程维修指导、物联网下的故障信息预报需要加强；因产品受到顾客青睐且综合性价比超越竞品，价格保持不变。

图 2-2 中的某些维度，可以分为多个子维度。比如，服务就可以细分为保养、维修、美容、预警、救援、保险、换新等多个子维度。在图 2-2 中的顾客价值维度的基础上，可以运用次一级的顾客价值维度（子维度）工具（图）进行更加细致的顾客价值增量设计。

总的来说，顾客价值增量既包含了顾客价值质的变化（价值形态变化），也包含了顾客价值量的增加（顾客代价降低、顾客价值在形态不变的情形下数量递增），融合了由外向内（市场机会牵引组织能力）的"差异化"和由内向外（组织能力决定市场优势）的"低成本及高性价比"两种战略。㊀

顾客价值增量和顾客需求

顾客价值是顾客需求的映射。所谓价值映射，是指以顾客需求为对象，在对顾客需求体认、理解的基础上，将其"临摹"下来，并转化为与之相契合的、以产品和服务为载体的价值形态。显然，顾客价值增量是顾客需求变化的映射。它在未实现之前，是

㊀ 楠木建. 战略就是讲故事 [M]. 崔永成，译. 北京：中信出版社，2012：93-97.

对顾客需求变化的假设；只有当假设转化为现实供给，为顾客所使用，即效用实现之后，顾客增量才实现。在顾客价值迭代（参见第三章）的过程中，如果连续几次顾客价值增量设定失误，未得到市场的响应及顾客的认可，迭代就受到挫折，甚至遭遇失败。如果说顾客价值增量设定是顾客价值迭代成败的关键，那么体认顾客需求变化则是顾客价值增量设定的关键。

  顾客价值增量设定的过程，是与目标顾客互动的过程。大部分情形下，只要和顾客融合在一起，顾客需求变化就可以认知、察觉和描绘。对中间工业品而言尤其如此。下游客户对供应商的顾客价值增量（以原材料、零部件、设备等为载体），往往能提出清晰的功能及数字要求。金田铜业是一家在全国规模领先的铜加工企业，其产品包括铜管、铜线、铜带、铜板、铜棒等。其中铜带产品的客户之一是国内电器市场上大名鼎鼎的公牛电器。公牛电器的插座类产品中，有一个品种是为手机充电配套的插座，它的价值诉求是帮助消费者快速、安全地充电。相应地，这对原材料供应商提出了铜带产品的价值增量要求：提高导电率但同时不会因快速升温而导致安全事故。金田铜业以此为方向，开发并生产出高导电率铜带，导电率提高了 12%～15% IACS，温升降低了 10K。[一]

  就最终消费品而言，对顾客需求及其变化的体察要复杂一些，即使借助多种技术手段，顾客画像有时也未必精准。但是通过抽样调查、大数据计算、焦点小组访谈、顾客代表实验、顾客深度

[一] IACS 表示铜的导电率，纯铜导电率为 100% IACS；K 表示温度升高时两个温度之差。

融合等方法，基本上能判断出目标顾客需求变化的轮廓和趋势。㊀比如，中青年职场女性对时装的价值增量要求是：面料更柔软、细腻、高档；款式更加简单、大方、自由，适合更多场景；色彩更加自然、明亮，更具艺术感……目前对消费品品牌商来说，设计顾客价值增量的难处是：顾客对于价值变化的要求很细微。这意味着需在产品、服务大部分价值维度基本上无差异（满足消费者共性需求）的情形下，在局部价值维度上形成少许差异，而这细微的差异还要能够为消费者所感知和认可。这就要求品牌商在顾客价值增量的设定及其实现上更具功力，在狭窄的价值增量空间内形成优势，类似于中国乒乓球队顶级高手在某个技术动作上所做的细微改变。

　　在很多情形下，顾客需求的变化是不清晰的。一是有些顾客对自身需求及其变化不能清楚地表达出来；二是不少顾客对某些习以为常的产品、服务的确没有新的要求；还有一种情形，顾客不了解新技术发展状况以及新供给品的创新价值，因缺乏知识而导致提不出具体的产品和服务升级愿望。像我这么爱逛书店的人，在看到言几又书店之前，也想象不出书店可以设计成这种样子。因此，顾客价值增量不仅是对顾客需求变化的追随，而且常常是对顾客需求的创造和激发。眼镜添加了智能功能，可能使许多从不戴眼镜的人戴起了眼镜。当自行车变得更加轻便、可以折叠时，它通常会受到原来不骑自行车的顾客喜爱，将其作为时尚的锻炼工具。从来没有去过健身房健身的人，看到微缩型的家用健身器材时，很可能产生在家里设置微型健身房的愿望……

㊀ 施炜. 连接[M]. 北京：中国人民大学出版社，2017：61-73.

顾客价值增量的设定，既是对顾客需求的体认，也是对顾客需求的引导、塑造乃至创造。需求在变，增量也在变——正所谓风动，心亦动。风是市场上流动的气息，心是感知这种气息的心智。这两者之间从矛盾到统一、从偏离到契合，是企业进化漫漫旅途上的永恒风景。

顾客价值增量设定需遵循的若干原则

顾客价值增量设定需遵循的首要原则是顾客需求导向（参见本章中的"顾客价值增量和顾客需求"），除此而外，还需遵循以下几个原则。

第一，顾客价值增量需与企业战略相一致。虽然从理论上说，顾客价值增量是企业战略的组成部分，但实际情形未必如此。有些企业的战略本身就不清晰，顾客价值增量设计相应地缺乏方向和逻辑，甚至有投机主义倾向。一会儿提出这样的概念，一会儿提出那样的主张，但都不能实实在在地为顾客带来新的价值。在保健品、家电、家居等领域，这种情形比较多见。有些企业，虽然制定了战略，也有顾客价值提升、创新的设想，但在执行过程中，受环境中短期因素（如市场风口、竞争态势、对手行为、成本压力、政府补贴等）的影响，顾客价值增量偏离了既定的战略方向。有的品牌，原本价值定位于高品质，但做着做着，产品品质每况愈下；有的品牌起初走高性价比路线，但由于供应链不具备成本优势，只能靠不断削减顾客效用维持低价……这些做法，不仅不能使企业进化，反而会使企业陷入困境。因此，企业需将业务战略的目标、任务、路径、举措分解、细化至顾客价值及其增量层面，同时在战略执行过程中，动态调整业务战略和顾客价值增量的关系：一方面，使顾客价值增量不偏离业务战略的方向；另一方面，在设定顾客价值增量时，对与之相冲突的、不符合实际情况和未来趋势的业务战略进行调整。

第二，顾客价值增量需与企业资源、能力基础相匹配，要有可行性。换言之，顾客价值增量经过努力是可以实现的。我国许多企业尤其是中小企业，能力基础薄弱，缺乏核心专长（主要指技术专长），因此进化刚起步时，只能是由顾客价值增量促进企业能力提高。由于增量由顾客需求变化所决定，而需求变化意味着市场机会变化，因此，"增量—能力"的关系可以转换为"机会—能力"的关系。能力与机会的动态匹配是我国大部分企业的良性进化之路，即"有条件要上，没有条件创造条件也要上"。机会和能力之间的张力，是我国一些几乎从零起步的优秀企业（如华为、宁德时代、汇川技术等）进化的驱动因素之一。顾客价值增量实现的过程，就是企业能力发育增强的过程。换个角度来看，为了尽快培育核心专长（技术能力），顾客价值增量也要凸显未来预期的核心专长，并且有利于其发展。有朝一日，如果能力增量能够驱动顾客价值增量，则标志着企业进化到了新的境界。

第三，顾客价值增量需符合主流技术标准。对技术型企业而言，顾客价值增量的主要依据、源泉和支撑是技术创新，其中往往也蕴含着对未来技术路线和标准的选择。技术路线、标准之争，既包含着各个企业的顾客价值优势之间的较量（哪一种技术路线能为顾客创造更多价值），也包含着各个企业对以技术为中心的产业生态（包括多种相互关联、配套的要素、环节、设施和主体，是一个开放的顾客价值共创网络）未来前景的不同判断。

基于主流创新技术的顾客价值增量，易于被顾客接受，也易于在产业生态和价值网络中实现。企业通过顾客价值增量，可分享和获得主流技术及其产业生态的创新红利和溢出价值。

企业一旦选择了自己确信的技术路线和标准，就不能心猿意马，必须长时间地坚持下去。设定顾客价值增量时，则需从长远考虑，体现相同的技术基础及其进步。例如日本丰田公司，从20世纪90年代初开始研究开发氢能源电池汽车，前几年推出了小规模量产的 Mirai 车型。对于这种汽车的前景，目前存在很大争议。可以预见，丰田还会继续沿着这一方向完善技术，改进顾客体验（续航时间更长，充气更方便，氢气存储更安全，汽车价格及使用代价更低，等等）。

第四，顾客价值增量需有鲜明的特色，有超越竞争对手的尖锐、锋利力量。如果导入竞争因素的话，顾客价值净增量可以表示为：

顾客价值净增量 = 本企业（品牌）产品和服务价值增量 −
竞争者产品和服务价值增量

设定顾客价值增量时，不仅需考虑顾客需求，同时还需以行业竞争品以及替代品为参照，即在顾客（市场）和竞争双维度下确定产品和服务的价值超越策略。华为手机 P 系列和 Mate 系列在多个价值维度上形成增量的同时，特别注重优化照相功能，使之超越主要竞品，受到消费者的青睐。可以预见，未来几大手机品牌将在 5G 应用、充电方式（无线）、快速充电、待机时间、折叠屏幕等价值维度及其子维度上展开激烈竞争。

顾客价值增量和不确定性

顾客价值增量的设定，需处理与不确定性的关系。所谓不确定性，是指我们不能确切地把握事物发生的概率。企业的外部环境是随机变化的。对于企业来说，顾客价值增量不可能每次都契合顾客的需求；产品和服务的价值主张不可能回回都适合市场潮流；技术标准、路线的选择未必总是符合未来主流的技术演进方向；竞争者的反应在不同时空条件下差异较大，很可能出乎意料……在存在诸多不确定性的环境下，如何设定顾客价值增量？下面我谈几点策略建议。

第一，面向不确定的未来，尽可能辨识出环境中的主要、关键变量，预测其概率较大的演变趋势。设定顾客价值增量时，应努力做到方向（增量的定义）正确或基本正确，并在增量的形态及其实现途径上保持灵活性。例如电动汽车的进化方向之一是降低车身的重量即轻型化（这是增量定义）——这一点几乎是毋庸置疑的。但是，重量较大的电池系统如何变轻？使用哪些材料减少车身结构的重量？我们需在实践中根据实际情况寻找答案。西谚云：条条大路通罗马。罗马这个目标不变，但前往罗马的路径可以试错。

第二，当市场、技术等环境变量具有多种演变可能时，用多种顾客价值增量方案以及与之相对应的技术方案去应对。这有点博弈策略中两边下注的意味，即以不确定应对不确定。例如，电动汽车电池企业，在三元锂电池和磷酸铁锂电池两条技术路线未真正显现出最终竞赛结果时，可同时安排与它们相对应的两条开发及生产价值链，动态比较哪一条技术路线的顾客价值（以能量密度、成本、重量、安全性等来衡量）更具优势，增量更加显著。

第三，每次顾客价值增量的设定都依据自身能够把握的、确定性较大的信息做出选择。这就是在不确定的环境中做确定的事情。这也意味着，顾客价值改进、创新只能在较窄的信息空间内进行。越是确定的信息，其所表明和指向的价值创新空间越小。我们不能看清市场、技术等环境变量未来会发生什么大的变化，但能感知某些小小的脉动，那么在进行顾客价值创新时，就可以致力于某些确定性的细节。把顾客关注的关键性细节做好了，进化往往会在不经意间发生。反之，如果细节——即便是少数细节——做不好，很可能在原本领先的情况下把事情弄糟，使产品和服务的改进、升级受阻或失败。传统的钢琴，未来变成什么样子我们现在无从猜想，但我们可以先把它的音准做得更好。钓鱼的鱼竿，其结构、功能、形态已基本定型，但可以改进它的材质，使之强度更大。一位大学老师，主讲微积分几十年了，讲授的内容基本上是固定的，但讲解方式、习题类型、课件形式、现场氛围等是可以不断改进的。在狭窄的、较为确定的信息空间及创新空间内，顾客价值增量每次向前挪动一小步，将具有长期不确定性的进化之路分解为短期具有确定性的连续步骤——就像我们在陡壁上攀爬、挪移一样，是许多企业顾客价值递进及企业进化的主要途径。否则，整天谈不确定性，没有任何动作，企业进化不就停止了吗？

顾客价值增量和调控参数

设定顾客价值增量时，可同时选择一些与其相关的参数，作为衡量标准和调控杠杆。这些参数（增量形态）既是顾客价值增量的体现，也是实现顾客价值增量的手段和工具。通过调整具有整体效应和杠杆效应的参数，引发企业价值创造系统以及能力建设系统的全局性优化。整体效应意味着牵一发而动全身；局部、边缘的改进可以引发连带性效应，产生结构性效果。杠杆效应意味着某些参数的微小变化，能使其他相关参数产生较大的变化。

在所有参数中，会计核算体系中的相关科目及其数值是最重要的参数。对于企业的价值流以及经营过程、结果，会计核算体系做出了数据化的呈现和反映，提供了直观、量化、包容面广以及层层递进的分析工具和方法。我们可以将三张会计报表以净资产收益率为目标和指向，融合在下图 2-3 中。

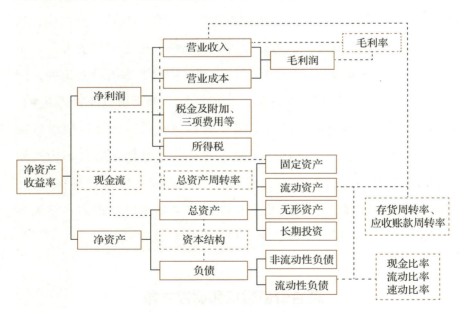

图 2-3　净资产收益率的分解

注：图中虚线方框中的项目可由实线方框中的项目计算。

除会计科目及财务指标外，一些综合性管理指标也是重要的参数，如人均效率（劳动生产率）指标、产品/服务品质指标、价值流运动的速度（节奏）指标、交货时间指标等。

参数选择需从顾客价值增量出发。如果顾客价值增量属于价值差异化范围，那么毛利率就是重要的参数；如果顾客价值增量属于成本降低范围，那么成本、费用参数以及表示效率的参数就是最重要的参数。如果顾客价值增量是增加产品和服务品种、提高个性化需求的满足程度，那么存货周转率等指标就是重要参数。

通过参数变化改进顾客价值（形成增量），最为关键的不是参数变化数值（如毛利率增长多少个百分点）的确定，而是以参数及其变化为杠杆和抓手，推动企业所有人员、部门参与的管理改进。如果是财务性参数，那就是战略性财务管理改进。从我接触到的企业案例来看，这类改进便于考核和激励，只要抓得实、抓得紧，往往会有非常好的效果。

顾客价值迭代

顾客价值迭代的含义

从长期、动态角度看,不断形成、持续实现顾客价值增量,意味着顾客价值的迭代。顾客价值增量一次又一次的变化以及顾客价值的持续创新,是以多次迭代为标志和途径的。顾客价值迭代,是企业主营业务进化的基本方式。

在计算机算法中,迭代是指计算机重复执行一组指令或步骤,每一次重复,都从变量的原值中推出它的一个新值;在系统理论中,迭代是指重复反馈,每一次反馈,系统的输出会成为下一次输入的组成部分或下一次输入的初始值,并作用于系统,影响新的输出。

图 3-1 说明了顾客价值的迭代过程,包括迭代的机理和逻辑。

图 3-1 顾客价值的迭代过程

图 3-1 的含义是在不考虑其他输入要素的情况下，以现有顾客价值为初始输入，通过顾客价值增量的定位、价值创造机制和过程，实现顾客价值增量，形成含有增量的新的顾客价值，而它又成为下一次迭代的起点。每次经过价值创造过程形成的顾客价值增量，均须接受市场的检验，并依据检验结果（即市场反应）重新审视已经成为现实的顾客价值增量。如果在此基础上，调整、改变顾客价值增量（设定新的顾客价值增量）和价值创造过程，意味着新的迭代开始发生。多次迭代、循环往复，是顾客价值改进、创新以及企业进化的基本方式。

企业系统每次迭代所输出的新的顾客价值，经市场检验后存在三种结果：达到预期目标、部分达到预期目标、没有达到预期目标。相应地，下一轮的迭代策略（即如何设定新的顾客价值增量）也存在多种选择（见表 3-1）。

表 3-1 下一轮迭代的策略选择

结　果	策略选项
达到预期	①保持顾客价值增量不变（不进入下一轮迭代）
	②对现有增量进一步强化，发挥自身的优势和长处（介于迭代和不迭代之间）
部分达到预期	①保持顾客价值增量不变（不进入下一轮迭代）
	②对现有增量进一步强化，继续教育市场（介于不迭代和迭代之间）
	③调整顾客价值增量的维度或价值形态（进入下一轮迭代）

第三章　顾客价值迭代

（续）

结　果	策略选项
未达到预期	①对现有增量进一步强化，继续试错市场（介于迭代和不迭代之间） ②调整顾客价值增量的维度或价值形态，甚至进行结构性价值创新（进入下一轮迭代）

显然，如果顾客价值增量不变，下一轮迭代就无须启动，即现有的产品和服务在市场上保持不变——让子弹多飞一会儿！"介于迭代和不迭代之间"也可称作半迭代，是指经过下一轮迭代，企业系统所输出的新的顾客价值是连续性的，没有显著变化，产品和服务不属于新的一代。而"进入新一轮迭代"通常意味着对顾客价值增量做出重大创新，老一代产品和服务基本退出，新一代产品和服务面世。

顾客价值迭代几乎是一个永无止境的艰辛过程。正如柯林斯等所说："这一过程酷似将一个沉重的巨型飞轮朝一个方向推动，一圈又一圈，积蓄势能，一直到达突破点，并完成飞跃。"[⊖]这是追赶和超越竞争对手的过程，是企业能力不断提升的过程。

顾客价值曲线

顾客价值的多次迭代，会形成持续上升的顾客价值曲线（见图3-2）。

显然，顾客价值曲线在一段时间之后所达到的高度，取决于两个因素。

⊖ 柯林斯.从优秀到卓越[M].余利军,译.北京：中信出版社，2009：16.

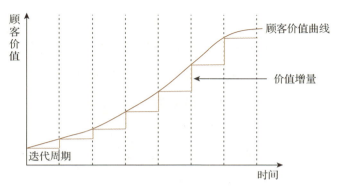

图 3-2　顾客价值曲线

一是迭代周期的长短，即多长时间迭代一次，也就是迭代的节奏。迭代周期的长短与产品和服务的特点有关，也与其商业模式有关。有些行业产品和服务迭代速度较快，如电子产品、时装等；有些行业则慢一些，如家具、建材等。有些商业模式以变化速度为关键竞争变量和制胜因素，因此其产品和服务迭代节奏较快是不言而喻的。目前，各个行业的竞争都日趋激烈，大部分企业产品和服务迭代速度都在加快。但与此同时，也有一些品牌（如苹果手机）追求极致化的顾客体验，很耐心地打磨价值细节，产品更新及新产品面市速度较慢，每一代产品在市场上的存续时间相对较长。此外，迭代节奏还与产品和服务所处的生命周期阶段有关。通常来说，处于成长期的产品和服务，迭代节奏较快，这样可以短期内迅速获取市场份额和心理份额。到了成熟阶段和衰退阶段，产品和服务的更新一般都会慢下来，因为在这两个阶段，经营的主要任务是利用现有成熟的产品和服务获取逐渐递减的市场利益，没有必要投入更多的资源。

二是顾客价值增量的大小，即每次迭代改进和变化的程度。顾客价值增量的大小一方面取决于企业自身的能力，另一方面也取决于外部的竞争态势。如果外部市场环境、竞争规则和形势发生了重大变化，对一些企业而言，产品和服务的小幅创新可能就无济于事；或者在一些行业里，挑战者如果没有实现顾客价值的重大突破，就不能超越行业头部企业，这会逼迫企业扩大顾客价值增量。

从一般规律看，基础较弱、起点较低的企业刚开始迭代时，顾客价值增量较小，但迭代频繁，即所谓的"小步快跑"。这种方式具有测试市场、积累经验、培育能力的意义。当企业的发展过了时间轴上某个分界点（位置通常由能力决定）之后，往往会加大顾客价值增量（主要是差异化创新），使顾客价值曲线加速（更陡地）上升。当上升到一定程度时，顾客价值有可能会保持在一定水平之上不变，或者只以较小的增量微变，这时企业或已成为某个领域的领先者，进入超越竞争的境界。例如，Intel（英特尔）在中央处理器等领域就符合这样的演进轨迹。这一方面是因为领先者为了收益最大化，没有必要快节奏地进行产品和服务迭代；另一方面是因为顾客价值创新的空间越来越小，很难设定较大的顾客价值增量（见图3-2顾客价值曲线右侧出现增长趋缓、变平的特点）。

对于某些互联网企业（大都属于服务业），其商业模式受到资本市场热捧，创业阶段就拥有巨大资源，同时，由于它们的商业模式往往是对传统竞争者的颠覆和超越，因此，其所设定的顾客价值的初始值就很高，这既体现在顾客代价维度（如价格补贴），也体现在差异化效用维度（如数字化体验）。这些企业就像新的巨型物种闯进了大自然，呈现出和传统物种不同的进化模式，如淘宝、京东、滴滴、美团等。它们可以压缩学习过程（通过模仿、移植，在现有技术平台上创新），凭借资源优势和网络效应（流量的指数效应）迅猛增长。航空发动机、碳纤维材料、半导体芯片等属于中间工业品的行业，由于经验、知识、数据、客户、合作伙伴的积累和迭代都需要较长的时间，因此很难这样浓缩进化过程。不过，从未来进化趋势看，所有的企业都要互联网化，而当下的互联网企业也会在更高的起点上展开艰辛、复杂、充满不确定性的进化之旅。

有些朋友可能会问：经过长时间的多次迭代，某些维度的顾客价值增量会不会逼近极限，例如芯片加工的制程到 3 纳米就不可能再往前递进了？这是完全有可能的。但是，大部分行业的价值维度基本上是永无止境的，或者说，目前距离极限还很遥远，即使某个价值维度出现了极限，还可以选择在新的维度上继续创新、进步。以移动通信网络为例，2G、3G、4G、5G……不断迭代，似乎已经看得见终点，但是量子通信才刚刚起步。

顾客价值的迭代通常不会一帆风顺，有停滞受阻，有失误曲折，也有转折新生……因此，顾客价值曲线并不是一直向右上方递增的，它也会出现曲折和波动（见图 3-3）。另外，某类（种）产品和服务经过多次迭代，有可能变为完全不同的另外一类（种）产品和服务。产品定义改变了，意味着原来的顾客价值曲线结束了，新的顾客价值曲线开始。

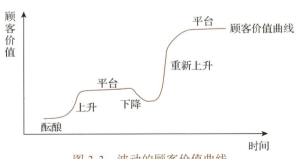

图 3-3　波动的顾客价值曲线

顾客价值迭代与产品/服务平台

某些产品和服务的顾客价值经多次迭代后，被市场所认可和接受，已被证明契合顾客需求。我们就可以将这些产品和服务的形态、结构、材质、内部元素组合连接方式以及服务项目、服务内容等固化下来，使之成为规范和标准（即平台）。以后的顾客价值创新和顾客增量设定，可以在这个基础和平台上进行。这样可以减少产品和服务市场试错和价值创新的成本，也可以获取前阶段市场教育、需求引导的红利，并且能进一步塑造顾客需求。好莱坞的许多电影都是平台化（也称类型化）的，一个题材、一种样式和情节结构，乃至一组演员，如果受到市场好评，那么续集（或有续集意味的相似作品）就会不断拍下去，直至顾客产生审美疲劳。以实物产品为例，20世纪90年代，德国大众汽车将一款成熟的车型平台捷达引入中国，并在这一平台不断推出新的款式（虽然后面几代款式的名称有所改变，但捷达早已成为一个大类产品的品牌），创造了销售神话。

从顾客价值增量设定的操作角度看，对已经平台化的产品和服务，基础性的价值维度往往可以保持不变，主要从外观造型、与顾客交互界面等价值维度进行延伸、递进式的创新。以我们熟悉的教科书科特勒的《营销管理》为例，2016年它已经出到第15版了，每一版都有局部的改动和增补，但基本架构未变。需要特别说明的是，某些具有物理形态的实体产品（如电子终端产品），一旦成为平台，其中的一些构件（零部件、组件等）、技术（图纸、代码、文档等）会成为未来产品迭代时不变的公用基础模块。真正的技术主要蕴含在这些模块之中，未来的产品创新可以在这些模块的基础上通过结构调整、功能变化、人机界面优化等方式实现。有了这些模块，全价值链各环节均可降低成本、提升品质、提高效率，既可以降低价值创造活动的复杂性，相应地，也可以降低流程和组织的复杂性。在餐饮行业中，基本的菜式、半成品等，也可称为模块。即使是无形的服务活动，在多次实践、优化的基础上，同样能提炼出基础模块，其中包括活动情节、程序、参与人员要求、发动及组织方式、资源投送方式等。

任何产品和服务平台都是有生命周期的。当新的平台式替代品出现时，老平台就基本上完成了自身的历史使命。而新平台或替代品出现的时间点，从理论上说，恰恰对应于老平台边际市场收益的拐点。通常情况下，老平台的退出是一个过程，它和新平台会有共存期。

在医药、软件等行业，有一种将产品平台、知识产品结合起来以最大化市场收益的商业模式和竞争策略。以药品为例，经过多年的巨额投入，某药企针对某种疾病的药品上市了，疗效不错。在专利期内，该药企可以获得垄断性收益。为避免这一药品专利期满后收益下降，该药企有可能以此品种为平台，开发第二代、第三代甚至更多代的产品，每一代新品，都有相应的专利保护期。

顾客价值迭代和商业模式创新

有的朋友或许会问：顾客价值迭代和顾客价值增量的动态设定，和商业模式创新是什么关系？

商业模式是企业某项业务为顾客创造价值以及获取收益的逻

辑和方式。我在《重生》一书中将其概括为"价值和收益的对称结构"⊖。商业模式主要回答以下问题。

第一，企业这项业务（产品和服务）的目标顾客是谁。

第二，基于目标顾客的需求，产品和服务的价值定位和价值主张是什么，即产品和服务为顾客提供哪些价值。

第三，通过哪些途径，使顾客了解、获得这些价值。

第四，这些价值是如何生成的，为了这些价值，企业如何构建价值链（价值流）及价值网络。

第五，以何种方式获取收益。

第六，为实现顾客价值，采取怎样的资源模式，即相关资源如何开发、整合和配置。

在上述问题中，顾客价值显然是商业模式的基本元素并处于核心位置。可以说，所有商业模式都是围绕顾客价值设计和运行的。商业模式共有三种类型（见图3-4）：一是价值链型，这是最常见的类型，其基本特征是通过价值链运动，为目标顾客提供价值；二是顾客资源型，其基本特征是围绕目标顾客提供多元化的服务，即针对同一目标顾客安排多个价值链；三是平台型，其基本特征是构建服务平台，为多个目标顾客提供价值。⊜

无论哪种商业模式，顾客价值链以及与顾客的价值关系都是其中的基本单元。因此，以顾客价值增量作为进化的起点，适合多种商业模式。

进一步分析得出，顾客价值迭代和商业模式创新的关系，也可以分为三种情形。

⊖ 施炜. 重生 [M]. 北京：东方出版社，2016：111.
⊜ 施炜. 管理架构师 [M]. 北京：中国人民大学出版社，2019：16-19.

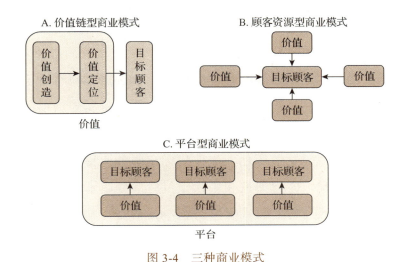

图3-4 三种商业模式

其一，顾客价值迭代是在一定的商业模式下的渐进式创新，即以特定的商业模式为前提。这种情形下，顾客价值迭代并不意味着商业模式创新，也不会引发商业模式创新。例如，丰田汽车的某个车型持续改进，每一代产品与上一代产品相比都有价值增量，但商业模式一直未变。

其二，顾客价值迭代是商业模式创新的标志和组成部分。2005年，我曾经陪同一位上市公司创始人到日本调研优衣库。当时，优衣库在东京的店面大都开在距离市中心很远的卫星城，产品价格低，品质也不高，主要面向低收入的年轻顾客。后来，优衣库改善产品品质，改变店面形象，邀请号称"日本国民女神"的藤原纪香代言，逐渐吸引了中产消费者的关注，使顾客结构发生变化。

其三，当顾客价值开始迭代时，有些企业并未考虑商业模式创新，但随着顾客价值的演变和迭代，自然而然地引发了目标市场的变化以及价值定义的变化。进化刚起步时，这种变化并不明显，但随着顾客价值多次迭代，商业模式实际上已经离开了原有的航道而开辟了新的方向和航程。

需要说明的是，如果顾客价值增量一直设定在现有价值维度上，那么商业模式创新的可能性较小；如果增量属于新增的价值维度，同时在迭代过程中价值维度不断增加（顾客效用种类增多），商业模式则很可能发生变化。这种状况在服务业更加多见，例如购物中心增加娱乐体验项目和餐饮项目后，变成了综合生活娱乐空间。诺和诺德是丹麦的一家医药企业，主要开发治疗糖尿病的胰岛素产品。近年来，这家企业的商业模式尝试"由产品进化到照护"，增加治疗、照护等项目，为患者提供从病前到病后全面、持续的陪伴服务。

我们所处的市场、产业、技术环境中，总有一些变量是无法感知和不可预见的，总有一些小概率事件不期而至，而它们甚至有可能导致企业顾客价值迭代过程中断。如果这种中断不是短期的和暂时的，则需对顾客价值进行重大的、结构性的甚至非连续性的颠覆性创新，使顾客价值迭代朝着新的方向重新开始。例如，当新一代通信技术取得突破，且具有商业应用价值时，在即将被替代的旧技术平台上的价值创新和进步则会变得没有意义。只有果断地跳上新技术的高速列车，才能实现持续成长。显然，初始顾客价值定义变了，迭代轨迹变了，商业模式很可能相应变化。

顾客价值迭代的发生

顾客价值迭代的发生，几乎与企业所有价值创造活动都有关联。更加确切地说，所有价值创造活动都需围绕顾客价值增量展开及变化。有些顾客价值增量变化的程度较小，创造的难度较低，企业价值创造系统（由直接创造价值的活动组成）以及其他系统通过局部改进就能将其实现；有些顾客价值增量是消费革命、重大技术进步以及供应链结构性变化的产物，它会引发企业价值创造系统以及其他系统的重大变化。

下面我们按价值创造活动的类别（参见第十六章中的"价值创造活动和流程体系"），说明顾客价值增量创造的行动地图。由于顾客价值增量，尤其是差异化效用类增量的载体主要是新产品，因此凡是涉及顾客价值增量的，我们都用新产品表示（见图 3-5 至图 3-8）。读者可以将新产品想象成某种新芯片、新材料、新工作母机等中间工业品，也可以想象成某种新家电、新家具、新食品、新时装等消费品。

1. 新产品和牵引性活动

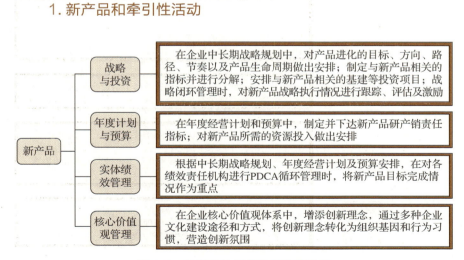

图 3-5　与新产品相关的牵引性活动

2. 新产品和价值流活动

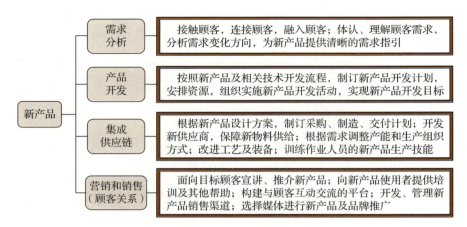

图 3-6　与新产品相关的价值流活动

3. 新产品和要素性活动

图 3-7　与新产品相关的要素性活动

4. 新产品和支持性活动

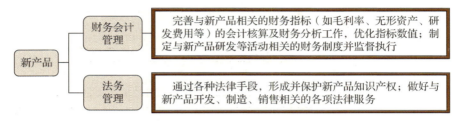

图 3-8　与新产品相关的支持性活动

从图 3-5 至图 3-8 中我们可以看出，将新产品开发、创造出来，并使顾客接受并使用，需要企业各类职能、多个环节之间相互配合，开展一系列活动。理解了图中内容（未必全面），就理解了顾客价值增量是如何炼成的、顾客价值迭代是如何发生的。图 3-5 至图 3-8 同时揭示了企业业务战略和流程之间的契合和连接关系。

PART2

第二篇

企业生存模式

竞争中的取胜之道：战法

什么是战法

战法是一个军事术语，意思是作战的方法。我们借用过来，意指企业在竞争中取胜的方法，即赢的逻辑和步骤。顾客价值的迭代，是在竞争的环境中实现的，是在与竞争者争夺顾客的过程中完成的。尽管某些企业的特定业务（产品和服务）短期内超越竞争，进入了孤独求败（垄断）的境界，但从动态、长期角度看，不可避免地会遭遇行业内外颠覆者的挑战。任何企业的进化，都不可能不考虑竞争因素。一方面，企业在设定顾客价值增量时，需以竞争者的顾客价值为参照和基础；另一方面，企业在参与市场竞争时，需谋划、运用旨在取得胜利的战略战术。通俗地说，战法是企业在竞争环境下的活法，即生存模式和生存方式。

提到战法，很多人会想到我国古代的兵书《孙子兵法》《三十六计》等。它们蕴含着一定的战法内容，但更多的是谋略。战法不等于谋略，尽管其中有一定程度的谋略意味，它是具有智慧和策略含量的实战指南，是清晰、直白的作战指引和行动指南。我们比较熟悉的军事战法有运动战、游击战、包围战、闪电战等。从战法对应和涉及的军事活动范围看，可以是一场战争，也可以是一次战役甚至战斗。由此可见，战法是分层次的，适用于不同的竞争空间，就其内容而言，既包括宏观层面的战略，也包括微观层面的战术。很多情形下，战法是从战略到战术、由繁至简、由宏至微、层层分解的整体。

无论哪一个层次的战法，通常都是由多个步骤、多种手段、多次行动组成的结构体，它们彼此关联，相互作用，具有内在的机理和逻辑。战法具有时间、空间属性，即规定了在什么时间、什么地点做什么事情。换句话说，战法中的每一个动作和步骤，都有时间上的顺序（可以并行）和空间上的安排。由此可见，战法好像是一出戏的剧本，包含着起承转合、层层铺展的丰富情节。正因如此，战法是动态的。和相对规范、标准的模型、模板不同，战略层面的战法通常是一个框架，在运用时因环境、场景、时机不同，具有很大的灵活性和机动性；而战术层面的战法，通常是具体的作战安排，不确定性较小。

为便于读者理解战法的内涵，我们以运动战为例进行说明。运动战的作战目的是消灭敌方有生力量（不以占据地盘为目标），其基本作战方式是通过较大范围的穿插运动，发现战机——敌方一部队在空间上成孤立之势（其他敌军部队前来救援或已不及），迅速集结，在战役中形成不对称态势（力量可能数倍于敌方），快速完成歼灭敌军的任务并撤退，避免被敌方大股部队反包围以及遭受损失。在上面的战略框架下，如何切割包围敌方部队，如何打援，如何总攻围歼，如何撤离战场，如何保障后勤供给，则是下一层级的战术安排。

战法中不仅包括行动方案，往往还包括人员动员、分工及组合方式。战法靠人去完成，人的因素常常也是战法的组成部分。抗日战争期间，游击战的作战主体是敌后武工队及游击队，背后可以动员的力量是广大人民群众（游击战是人民战争），化整为零、各自独立作战（必要时相互呼应、整体行动）的战法包含着自组织的组织形态设定。回到商业领域，华为通信业务区域市场"铁三角"模式，既是一种市场拓展方式，也是一种组织架构和组织机制。TCL彩电"速度冲击规模"的战法，是以庞大的自有区域营销组织（省级销售公司以及地区经营部）为依托的。由此可见，战法在一定程度上是战略、战术和组织模式的结合体。

战略层面的战法主要源于作战部队高层的谋划和设定，而较微观层面的战法往往是局部或典型战役、战斗经验的总结。后者可以通过内部学习机制复制至其他作战部队乃至更大的范围。这也从侧面证明了战法的意义：部队统一、协同行动的重要依据和保证。在一定时间、空间背景下，战法是具有规律性的，是可复制的，是可传播和认知的。只有将经过检验的、已经被证明有效的战法推广至所有适用区域和场景，并使广大指挥员及指战员理解、熟悉战法，才有可能取得全局性胜利。当然，战法在复制、移植时需因地制宜、有所创新，这是不言而喻的。

战法是动态的。当外部竞争环境发生变化时，战法也需相应地创新和调整。本书介绍的一些战法实例，有的属于过往经验的总结，有的属于正在上演的故事。对读者来说，可以作为未来战法的参考。

战法的边界

从现在起，如果不特别提示的话，战法均是商业及企业语境下的概念。

从内容上看，战法作为企业竞争中的取胜之道（策略），既有战略的成分，也有战术的成分（见图 4-1）。

图 4-1　战略、战术和战法

图 4-1 中，上面的实线框代表战略，下面的实线框代表战术，中间的虚线框代表战法。这表明战法和战略、战术均有交集。从某种意义上说，战法是战略和战术之间的连接纽带。

从战略和战法的关系看，整体的战略框架——业务领域定位和商业模式的类型、结构是战法的前提。基于战略框架，战法通过特定时空下价值链各环节的一系列策略性动作，将商业模式展开，使企业在竞争环境中取得不同程度的优势，得以生存和延续。可以这样说，战略框架是概要性的，战法是对战略框架的具体化；战略框架是相对静态的，而战法是动态的（尽管战法中蕴含了制胜的逻辑，但它不仅仅是逻辑，还将逻辑化为了有章有法的行动）。

从战法和战术的关系看，理论上战法和战术的外延可以完全一致，但在现实的情境中，在很短的时间、很小的空间内的一些具体、微观、专项的战术安排，不能归入战法。例如少数非战略性的供应商或渠道伙伴选择，局部区域性促销活动安排，生产体系中产能布局变化，研发体系内部项目调整，等等。就好像篮球比赛中教练偶然的一次传接球安排属于战术的范畴，但谈不上是一种战法。

称得上战法的，需要具有以下特点：第一，它是多个策略性动作或活动的结构性组合。所谓"策略性"是指具有清晰的目的、意图，同时对实现目的、意图的方式、途径进行了有智慧含量的思考。所谓"结构性"是指多个动作之间具有逻辑联系，并在操作时具有时空顺序（何时、何地、做什么）。第二，它适用于重复出现、有一定普适性的情境和场景，是解决问题的规律性方法（否则复制推广就没有意义了）。还是以篮球为例，在最后双方得分差距很小、任何一方都有可能获得胜利的"关键时刻"（通常一分钟之内）——这种情形在双方势均力敌时经常出现，某一方的战术安排（几个队员传、接、防、投等动作的衔接方案），就属于一种战法。

下面我们基于战略框架对战法的主要内容做出界定（见图4-2）。

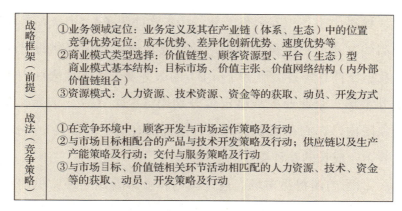

图 4-2　基于战略框架的战法

战法的前提：战略定位

综观我国企业的经营实践，绝大多数企业主营业务定位于四个空间之内（见图 4-3）。

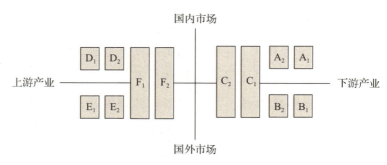

图 4-3　企业主营业务的战略定位

图 4-3 中，横轴代表产业链从上游至下游。概要地说，下游产业是直接面向最终消费者（to C）的消费品工业以及消费类服务业；上游产业比较复杂，包括农业、采矿等第一产业，也包括提供

能源、材料、装备、零部件、软件（非软件服务）、半成品等中间工业品的制造业，还包括为本产业外其他所有产业提供设计、咨询、数据、信息等各类服务（to B）的服务业。纵轴代表国内市场和国外市场。企业业务战略定位分别用 A、B、C……表示（在同一个象限内，它们在横轴上的左右位置没有特定的含义），它们亦可代表企业成长的几种类型。

A_1：**国内消费品市场**。这是国内企业最普遍、最常见的战略定位。这一战略定位下的企业，经营收入全部或绝大部分来源于国内市场。14 亿人口的巨型市场，为这类企业做大做强创造了条件。如万科（住宅）、伊利（食品）、农夫山泉（食品）、安踏（服饰）、欧派（家居）等。

A_2：**国内消费服务市场**。和 A_1 一样，这也是最常见的战略定位。改革开放以来传统消费行业孕育出许多大型企业，如海底捞（餐饮）、维也纳酒店等。与制造业相比，消费服务领域商业模式更加丰富，更具创造性。近年来，与互联网相关的、得到资本市场青睐的自然垄断（独角兽）企业，大都属于消费服务行业，如滴滴（交通）、美团（食品）、今日头条（媒体）等。

B_1：**国外消费品市场**。这种定位不具普遍性。国外消费品的贴牌加工（OEM）模式，尽管产品全部出口，但不属于这种定位（属于国外市场中间工业品定位）。在国外市场上，经营自有品牌是这一定位的基本特征。近年来，在电子消费品等领域，某些企业（品牌）聚焦国外市场（某些国家和地区），经过不懈努力，取得了良好的经营业绩。例如传音（手机）现已成为非洲市场的销量冠军，并且在心智（品牌认知）和渠道上形成较强的竞争壁垒。还有一种情形，在国外一些细分市场及其特定（中国人几乎不消费或很少消费）产品领域，中国品牌处于领先位置，如瑞贝卡（人造发套）等。

B_2：**国外消费服务市场**。专门面向国外市场提供消费服务的企业比较罕见。随着中国企业国际化战略的深化，目前已有中国企业通过收购兼并的方式进入国外传统服务行业（商场、超市、酒店等）——它们在国内并不经营这些行业。

C_1：**国内外消费品市场**。这是一种越来越常见、越来越主流的战略定位。先谈消费品。大部分企业（品牌）都是先从国内市场起步，发展到一定阶段和程度，再逐步开拓国外市场的。这是家电、手机等领域企业延展市场空间的基本路径。两个市场几乎同时起步，或者先开发国外市场再返回国内市场的情形较为罕见。目前，在家电、手机领域，已出现一批国内、国外两个市场发展比较均衡的企业品牌。格力（空调）、美的（白色家电）、海信（彩电）、TCL（彩电）、创维（彩电）等是其中的佼佼者。在不少国家和地区，中国家电品牌已处于市场领先地位。小米（手机）、OPPO（手机）、vivo（手机）在印度及东南亚市场的表现令人瞩目。海尔（电器）在收购通用电气（GE）家电业务相关资源之后，成为全球白色家电领导者。在服饰等领域，某些国内企业收购了一些国外著名品牌，从而进入了国内、国外两个市场。总的来说，尽管在世界各地"中国制造"的产品随处可见，但是在服装、食品、汽车、日用化工等主流消费品领域，属于中国企业的原生（非收购）品牌却几乎没有。

C_2：**国内外消费服务市场**。在宽阔的战略空间内，基于这种定位的中国品牌刚刚起步,业务发展有了端倪。最先在国外市场被消费者认可的消费服务,一是连锁中式餐饮——不是海外华人开办的零星中式餐厅,而是现代规模化业态;二是与互联网相关的通信社交服务,如微信、抖音等——先在华人圈子里流行,再向其他顾客人群渗透。

可以预见,如果未来全球化不发生重大逆转,将会有越来越多的国内消费服务类企业进入国外市场。

D_1:**国内中间工业品市场**。中间工业品是消费品生产及消费服务所需生产资料的主要组成部分,种类繁多,形态丰富。因此,这种战略定位下的企业,数量甚众、分布广泛,所属细分领域林林总总。有的企业规模、体量很大,有的企业则属于小微,它们往往被统称为配套型企业。

D_2:**国内产业服务市场**。服务的对象包括工业以及除自身外的所有行业企业,涉及金融、物流、设计、检测、咨询以及信息数据服务等众多领域,范围极其广阔,企业的规模、形态殊异。这种战略定位所涉及的商业模式和消费服务一样,存在多种类型。引人注目的产业互联网以及产业生态模式就在其中。

E_1:**国外中间工业品市场**。这种定位最典型的情形,是加工型企业贴牌生产国外品牌产品,而这些产品不在或基本上不在国内市场销售。随着低附加值产业链的又一次全球转移,我国沿海地区为数众多的加工型企业面临严峻的挑战。除此之外,还有一些企业专门向国外客户提供生产工具、金属材料、小型装备、零部件以及化学原料等产品。

E_2:**国外产业服务市场**。从我们接触到的企业案例看,这种定位比较罕见。原因参见后面"F_2"部分的分析。

F_1：**国内外中间工业品市场**。目前我国已成为全球制造基地和重镇（除了少数尖端产业），许多中间工业品制造企业同时置身于国内外两个市场，为国内外客户提供配套产品。因此，这种定位具有一定的主流性和普遍性，主要有四种情形：一是某些代工企业随着规模扩大，在品质、成本、效率等方面具有优势，成为产品平台，承接国内、国外两类客户的加工订单；二是一些生产成品、提供集成产品以及解决方案的企业，在全球市场（包括中国市场）上开拓和服务客户，如华为（通信设备）、三一重工（工程机械）、中集（集装箱）、中国建筑（施工）等，人们常说的中国企业"国际化"主要就是指这种情形；三是提供零部件、半成品及材料等的企业，将其产品嵌入国际著名品牌（包括中国品牌）全球布局的产业链（供应链），使之成为其中不可或缺的组成部分，这种情形多出现在电子领域，具有代表性的企业有立讯精密、歌尔声学、蓝思科技等；四是目前许多产业全球垂直分工的格局依然存在，我国企业向全球市场（包括中国市场）提供化学原料（包括药品原料）、有色金属原料等初级产品——对这些企业而言，产品升级的重要性、紧迫性自不待言，例如药品原料转换为制剂产品。需要指出的是，未来几十年，有可能出现全球产业链及供应链转移、重组，以及发达国家和发展中国家共同争夺、蚕食我国制造业份额的局面。因此，稳固我国全球供应链位置、巩固我国制造产业是重要的战略课题。

F_2：**国内外产业服务市场**。由于我国国际化产业较少，加上我国产业服务业（尤其是与知识、信息相关的"软服务"业）竞争力不强，因此能走国际市场、进行全球布局的产业服务企业不多。这种定位大体有两种情形：一是中国远洋（物流）、中国银行等产业服务巨头在全球许多区域（包括中国）开展服务；二是伴随着我国采矿、建筑施工等产业的全球化，为这些产业提供产业服务的企业将业务触角延伸至国外（它们通常在国内市场上已有一定基础和优势）。产业服务，尤其是知识、信息类产业服务，往往引领其服务对象所在领域的标准，代表这些领域某些技术的高度，因此值得高度重视。

需要指出的是，许多企业的业务战略定位是多元化的。也就是说，这些企业进入了多个领域。以著名的农技企业温氏集团为例，既有 D_1 定位——国内市场畜禽（猪、鸡、鸭等）养殖，也有 A_1 定位——国内市场食品（最终消费品）加工；既有 D_2 定位——国内市场畜禽流通，也有 B_2 定位——国内市场食品零售。关于多样化扩张，将在第九章"生态化扩张"中讨论。

基于对各种战略定位的分析，我们可以得出较具借鉴意义的战法清单：国内消费品市场战法、国外消费品市场战法、国内消费服务市场战法、国内产业服务市场战法、国内外中间工业品市场战法。

CHAPTER5
第五章

国内消费品市场战法(一):规模化价值链

价值链的大江大河

国内消费品市场广袤富饶,其主要特点有:第一,市场容量巨大;第二,幅员辽阔,空间范围宽广;第三,从一级、二级、三级市场到四级、五级乃至六级市场(城镇、乡村),纵向层次较多;第四,部分区域市场消费者密集,零售渠道密集且分布广泛(一直处于整合过程之中);第五,供给侧参与竞争者众多,市场竞争激烈。

对国内消费品(包括家电、手机、家用建材、家居、快消品、服装等)企业来说,最重要的战略任务是:在宽阔、深厚但又极为复杂的市场上,构建一条规模化的价值链(这类企业的商业模式基本上是价值链型)。所谓规模化,是指价值链触及广泛的消费人群,抵达各个区域层级,通过有效运作尽可能获取最大化的收益

（收入、利润及份额）。这条价值链像一条澎湃、激荡的大河，水量（经营流量）巨大，奔流不息。从企业实践看，目前国内一批消费品巨头企业，如格力、美的、海尔、华为、OPPO、vivo、农夫山泉、伊利等，都经过长期努力达成了这一战略意图。而规模化价值链也成为这些企业在激烈的市场竞争中获胜的商业模式和战法（商业模式的动态化就是战法）。

下面我们主要结合家电、手机行业的案例，对消费品规模化价值链战法中的各个变量或环节进行解释说明，如图5-1所示。

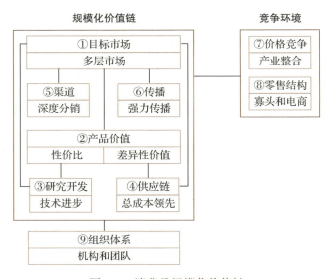

图5-1　消费品规模化价值链

目标市场和产品价值

这里没有用大众市场而是用多层市场的概念，表明目标市场是结构化的。多层既代表顾客收入的多个层次，也代表区域分布的多个层次。在这种战法下，为求得销售规模最大化，我国一些家电、手机企业尽可能将目标市场跨度拉大，从高收入顾客到低收入顾客，从大城市顾客到乡村顾客，其产品线矩阵、价格阶梯、渠道形态、推广模式等方面均与市场定位相对应。

国内家电、手机品牌通常具有产品性价比优势。作为后发追赶者，在相当长的时间内，中国品牌大都以国外品牌为标杆，例如华为（手机）对标苹果（手机）、三星（手机），TCL（彩电）对标三星（彩电）和索尼（彩电），格力（空调）对标大金（空调），小天鹅（洗衣机）对标松下（全自动洗衣机）、西门子（滚筒洗衣机）等。通过产品的性价比优势，中国品牌在国内市场逐步占据了优势地位。目前，某些领先品牌的产品价格已成为被其他品牌对标的标准，如格力（空调）；某些品牌的产品已成为高端产品的标志，如卡萨帝（白色家电）。

国内家电、手机品牌的产品价值优势，不仅体现在价格竞争力上，也体现在产品的差异化价值上。经常变换产品的价值主张（概念），意味着以较快速度更迭产品，以及不断进行价值创新（参见第三章中的"顾客价值迭代"），这是中国品牌的经营特色，也是一些外国品牌所不理解、难以企及的地方。这种产品价值策略，一方面是为了应对市场潮流变化，并且激发、引导顾客需求；另一方面是为了找到市场推广的支点（使之有内容素材），保持市场推广的热度。

产品差异化价值，源于对本土消费者的深刻理解，它们往往分布在外观造型、应用功能、使用代价等价值维度上。如手机产品的曲屏、照相、待机时间、快速充电等概念；空调产品的静音、节电、换新风、圆柱（造型）等。当然，必须指出的是，某些泡沫式的产品价值概念不能给顾客带来实实在在的效用,是投机理念的体现。

从广义的产品价值角度看,售后服务也是产品价值构成的一个维度。国内家电、手机企业普遍将售后服务作为超越外资品牌的有效手段:下沉、密布服务网点,使服务更方便、更快捷;延长保修时间(直至终身保修),解决顾客的后顾之忧……

研究开发和供应链

国内家电、手机品牌的研究开发基本上是围绕外观造型和应用功能展开的。由于进入其所在行业时,行业基础性技术已基本成熟(家电行业尤其如此),因此这些品牌无必要研发基础技术,于是将开发的重点放在与应用功能相关的边缘技术上。此外,因家电、手机产品上游零部件模块化、集成化程度越来越高,外观造型(产品结构)以及人机关系(使用界面)的创新性开发变得殊为重要。在空调等领域,随着中国品牌经营规模的扩大,产生了以规模换技术的效应(本质上属于以市场换技术),即日本品牌拥有的技术,因其附着的产品在中国市场销售量过小而无法充分变现,只能通过向中国企业转让技术的方式分享中国市场的利润。美的空调的变频技术初期就来自东芝,现在美的集团已经收购了东芝的空调业务资产(含技术沉淀)。

华为等手机企业,出于业务安全的特殊原因,长期致力于开发基础和核心技术。目前,某些技术只是战略上的备胎,必要时可以替代国外品牌的相关技术及产品(对于能否替代,目前还存在争论)。

基于规模目标，家电、手机企业往往在销售增长的同时，同步建设供应（生产）体系。这些企业都没有采取轻资产以及委托代工模式。这一方面是出于业务安全以及产业链条上话语权（这会影响原材料、零部件采购成本）的考虑；另一方面是希望获取产品价值链上制造环节的加工利润——在产品附加值较低、价格及性价比具有优势的情形下，制造利润是企业生存的保障。换言之，当价值链的前端（市场营销和销售）参与惨烈的市场竞争、资源消耗巨大、费用吞噬毛利时，价值链后端（供应链）有可能产生利润（因生产成本低于行业平均水平）。而这种利润恰恰与生产、采购规模有关。

家电、手机企业的供应链安排，通常有两个特点。一是生产能力大于销售能力或渠道消化能力，始终保持价值链后端对前端的压力。相应地，国内销售产品生产体系的运行方式主要不是订单制（外销产品是订单制），而是基于库存的计划制。二是将生产能力在全国多个区域分布式布局，建设华东、华南、华中等多个生产基地。这有利于降低成品物流成本，提高供应链在各区域市场的反应速度，同时有利于分散生产风险。

渠道及深度分销

控制渠道体系（从批发商到零售商），是规模化价值链模式成功的关键因素。我国家电、手机流通（批发、零售）企业总体上实力较低、数量众多、集中度低，这虽然给制造企业带来了困扰——缺少可对接的高效率渠道，但也给制造企业提供了深度介入流通领域、构建垂直流通体系的机会。这一体系的基本结构如

图 5-2 所示。

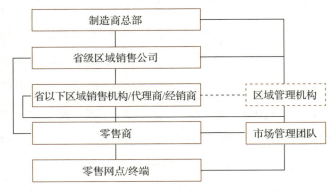

图 5-2　制造商垂直流通体系

在图 5-2 中，省级区域销售公司是省级区域[①]的市场管理机构，同时也是具有区域总代理/总经销属性的经营机构（从总部购货，再做分销）。省级区域销售公司可能是制造商独资设立的，也可能是制造商与其他主体（当地商家、制造商区域市场管理团队等）合资设立的。在合资情形下，无论制造商是否控股，其对省级区域销售公司都有较大的管理权和影响力。

省级区域销售公司所管理的下级区域销售平台可以分为两类：一是制造商自设或合资设立的次级区域（地级市范围乃至县级范围）销售机构（分公司、子公司、经营部等）；二是专营制造商品牌的渠道合作伙伴（次级区域代理商或经销商）。如果是后者，制造商通常还会另设非经营性的区域管理机构。从运行角度看，制造商、省级区域销售公司管理下级销售平台；这两级平台共同管理零

　㊀　这里的省级区域范围未必完全和行政区划一致。顾客及需求密度较小的市场，可以几个行政省份合并设立一个销售公司；顾客及需求密度较大的市场，一个行政省份可分设数个销售公司。因此，"省级"是个平均概念。

售商以及零售网点（省级区域销售公司有可能直接管理部分规模较大的零售机构）。在多层次流通体系中，交易流（商流/资金流）和管理流是叠合的，物流的路线及主体可以独立出来（如第三方物流）。

家电、手机制造商铺设的渠道网络，宽可至全国所有地方，深可达城乡所有层次。其管理触角可渗透至千千万万个零售网点。称其可控，主要指由制造商主导与渠道伙伴的交易及管理规则。在垂直流通体系中，管理是一体化的，而交易则是市场化的。

基于这一体系，部分家电、手机制造商通过实施深度分销（含义等同于销售）[⊖]，极大地激发了渠道能量，使渠道吞吐量扩大及流速提高。其主要做法有三种：一是增加零售商以及零售网点/终端的宽度，在管理能力的支持下，甚至使之达到饱和状态；二是激活零售网点/终端——加强商品陈列、举办促销活动、增加消费者体验以及强化消费者服务，使本企业/品牌产品在零售网点/终端的销售份额及销售效率提升；三是以价值链后端推动的方式向渠道（批发商、零售商）压货。由于近几十年来家电、手机市场规模一直处于膨胀状态，凡渠道压货压得狠、压得重的品牌，市场份额不断递升；而不压货、按渠道客户订货及补货的品牌，反而市场地位后退。当然，随着市场需求增量消失，领先品牌压货的风险增大、可行性减少。

传播和促销

为实现销售规模目标，家电、手机企业的传播活动主要是围

⊖ 施炜. 深度分销：掌控渠道价值链 [M]. 北京：企业管理出版社，2008.

绕促销展开的（兼顾品牌塑造）。在传播内容上，以产品功能性概念、销售主张以及事件营销主题为主；在创意要素上，偏爱影响力大的明星；在传播媒介上，选择多种途径进行立体、密集式的广告轰炸，包括从央视、主流卫视广告，到灯箱、公交车身、墙体、横幅等媒体，再到零售终端现场专区、专柜以及吊旗、地贴、店头等多种传播载体。

如果进一步分析，我们可得出家电、手机企业的传播模式有以下几个特点。

第一，传播方式是广播式的。好比村主任站在山头上大声一喊，全村的人都听见了。这也意味着传播基本上是单向的，传播者和受众之间互动和反馈较少。

第二，主要传播媒体具有一定的垄断性，是传播的高地。虽然代价不菲，但传播效率较高。

第三，广播式传播不区分传播对象，同一内容面向所有受众，具有大众传播属性。

第四，动员顾客、激发需求的主要方式是促销事件和活动，不断掀起市场波澜。在顾客商业心智普遍不成熟——进入市场经济时间较短，消费行为易受信息环境影响的情况下，这种强力推广模式，常常在短期内快速见效（主要体现在销售绩效和品牌知名度两个方面）。

价格竞争和零售结构

在产业集中度较低的前提下，对家电、手机企业市场竞争策略以及市场运作实践影响最大的环境因素之一,是具有产业整合意味的价格竞争——俗称价格战。对于价格竞争,企业面临两难选择:不参与,有可能失去市场基础(份额),影响生存;参与,有可能流失本来就不太丰厚的利润。在这个问题上处理比较好的企业,同时运用两种竞争手段进入两个"战场":一是凭借规模优势及总成本领先优势,在中低端产品领域积极参与价格战,既可守住市场份额,又可抑制以低价为主要进攻手段的挑战者崛起,积极进行产业整合;二是致力于技术进步和产品价值创新,在中高端产品领域保持较高的附加值和盈利能力。在具体的营销实践上,采取"打低卖高"战术,即大力宣传低价产品,但在零售终端交易环节引导顾客购买高附加值产品。反过来的情形也有:台面上推广高附加值产品,实际上悄悄地用低价产品抢占份额。无论哪种战术,优秀企业都会注重高中低档次产品的销售平衡。

　　进入 21 世纪后,家电、手机流通(主要是零售)领域发生了重大的结构性变化。这也是价格竞争的驱动影响因素之一。按照时间顺序,先是连锁零售兴起,后是线上电子商务盛行。相应地,苏宁、国美、京东、淘宝、天猫等商业寡头渐次崛起,在产业链上的话语权愈来愈大。连锁零售和电子商务两种新兴业态因彼此存在争夺顾客流量的矛盾,对上游制造商构成了双重挤压:第一,用低价吸引流量,冲击制造商线下传统业态(如商场、商店等,其相同产品的价格要比连锁及电子商务业态的高得多,否则难以生存);第二,利用规模化优势和寡头地位,倒逼供应商降低供货价,向其转移附加值。换句话说,切割供应商利益。双重挤压会使制造商利润流失。有些制造商(包括许多外资品牌)看不清连锁寡头、电商寡头博弈本质（非合作博弈），或因短期销售任务压力，或因投机主义经营理念（试图借新兴业态实现超越）完全顺应连锁寡头和电商寡头的规则，为其提供价格战的"炮弹"（低价产品）；由于相同产品连锁业态、电商业态与传统业态价格差距过大（有时线上产品价格与线下产品价格相差一倍以上），使得线下业态（主要是传统业态）崩溃，引发销售总体上严重衰退。

面对复杂的、对自身不利的零售结构，有些品牌处理得更有智慧一些。格力（空调）控制新兴业态的份额以及交易规则（如禁止新兴业态低价销售），同时维护传统业态，发展团购、工程渠道，其市场霸主地位反而更加牢固。美的（家电）则注重线上与线下、连锁寡头与传统市场/商店之间的动态平衡，在各个业态上均处于相对有利的地位，实现销售规模和利润的平衡。需要指出的是，一些黑色家电（彩电）品牌，由于产品成本越来越低，中低端产品差异化价值不明显（同质化严重），以及外资品牌在中低端产品领域参与线上价格战（或许被动，或许主动），加上在短期销售驱动下对市场秩序控制不严（存在窜货、乱价现象），其产品盈利空间不断缩小甚至出现亏损。反而有些新进入者（如小米彩电），干脆颠覆行业规则，将产品硬件价格降至非常低的水平，无利润甚至亏损销售，而盈利则主要来自互联网服务。

近年来，由于种种原因，线下连锁寡头的扩张受到抑制，出现了收缩现象；线下传统业态一直处于退缩之中，剩下竞争力较强的商家还在坚守；而电子商务扩大份额、外移边界的进程尚未结束。随着产业集中度的提高，家电、手机行业的领先者与线上线下零售寡头合作时话语权有所增加。当这些企业以数字化方式开发、积累、运营顾客资源和自有流量时，它们在产业链上的地位将随之提高。

组织体系

支撑家电、手机企业规模化价值链战法的是其组织体系，尤其是集合各区域机构和人员的营销组织体系。渠道网络的广度和深度，决定了营销组织体系的体量和边界。按照深度分销理念，零售网点布局到哪里，管理的触角就延伸到哪里。因此，制造商需要设立多层次的市场管理机构，组建规模庞大的营销团队。根据战法的要求，营销团队成员需有强烈的胜利愿望，有克服困难的勇气，有吃苦耐劳的精神；同时，有市场运作和管理的专业素养和技能，兼具策略力、沟通力和行动力。可以说，规模化价值链战法所依托的最重要的核心能力是营销组织建设能力和营销人员管理能力。这两种能力是市场领先企业超越其他竞争者、形成竞争壁垒的主要因素。

之所以用较大的篇幅介绍规模化价值链，是因为它是我国企业基于本土市场和产业特点创造并实践的、内部自洽程度较高的、结构性的、取得巨大成效的重要战法之一。无论它未来如何演变，都是值得我们记录和借鉴的。

国际版深度分销

在消费品庞大家族中，以自有品牌参与全球市场竞争的，主要是家电、手机等电子行业的企业。在国内市场，这些行业发展较为成熟，领先企业已有较大规模和体量，产业链完整、健全。这是家电、手机等行业中的领导品牌走向世界的基础和条件。从全球产业视野看，家电、手机等行业处于"不高不低"的位置。"不高"是指这些行业不属于顶级的高新技术行业，而"不低"是指这些行业具有一定的技术和创意含量。而在这样的"中部"产业领域，中国企业最有优势。在全球产业分工及竞争格局中，发达国家高技术企业正逐步退出家电产业，而大多数发展中国家尚不具备家电产品的规模化制造条件（包括产业集群和供应链）。目前，在全球黑色、白色家电市场上，和中国品牌竞争的国外品牌，只有索尼（彩电）、三星（家电）、LG（家电）等为数不多的以日韩系为主的巨头了。手机行业也只有少数几个国外品牌参与竞争，苹果、三星是其中的佼佼者，但华为、小米等已向它们发起挑战。

中国家电、手机企业在国际市场上的战法，基本上是国内战法的复制和移植。但为了适应当地市场的特点，一些企业价值链的某些环节、经营活动的某些方面有所变化和创新。下面我们参考海信（彩电）、TCL（彩电）、小米（手机）、传音（手机）等企业的实践经验，对国际市场背景下价值链型商业模式的有关变量、环节及要素做分项说明。

1. 目标市场

中国家电、手机企业在全球范围内的目标市场定位分为两个层次。首先是区域市场定位。大部分品牌都是先从人口众多（市场规模）、社会经济发展水平逊于中国（便于降维攻击）的市场起步，在某个或某些区域（国家）市场做深、形成壁垒后，再滚动进入其他区域市场，如 TCL（彩电）、海信（彩电）、美的（空调）等。也有品牌采取区域市场细分策略，定位于某些特定的区域，例如传音（手机）——非洲市场。还有少数新兴品牌，从开始进入国际市场时就在全球多个国家进行布局，如小米（手机）。其次是目标人群定位。各个品牌这个层次的市场定位有一定的差异。总的来说，大部分品牌都定位于最广大的消费群体：从低收入人群到中等收入人群。

2. 产品价值

在国际市场上，中国家电、手机等产品通常都具有性价比优势：物美价廉或质高价中，尤其在低端市场上，更是具有无可撼动的优势。在非洲、南亚及东南亚等地区手机市场上，中国市场几乎绝迹的非智能手机，容量依然巨大；传音、小米等品牌这类产品的市场份额，外资品牌无法企及。在印度市场，小米推出的价格在千元人民币以下的智能手机受到了广泛的欢迎。除了性价比，我国一些家电、手机产品还具有差异化价值优势。它们是对所在国家和地区消费者特殊需求的关注和回应，是基于当地市场特点的本地化创新。以非洲手机之王传音（旗下有 TECNO、itel、Infinix 等品牌）为例，其产品在部分功能以及细节上富有特色：针对非洲一些国家供电不足、时常断电，部分品种将待机时间延长（据称充满一次电后，可以待机一个月）；针对某些非洲国家运营商较多且存在价格竞争，部分消费者为了节约费用时常更换运营商的情况，部分品种设置了双卡双待甚至多卡多待功能。非洲有一些地方没有路灯，那就加大手电筒的亮度；非洲人民喜欢唱歌跳舞，于是增加音乐存储容量、扩大喇叭音量；饶有趣味的是，针对非洲消费者肤色、容貌的特点，强化夜拍、美颜、滤镜等照相功能。⊖

再以我国家电企业中的TCL（彩电）为例，初期以产品性价比著称，近年来逐步增加差异化的互联网服务。在美国市场，已整合Netflix、YouTube等内容供应商的内容资源，使产品成为内容的管道平台；在越南、印度等市场，其产品搭载了雷鸟科技（TCL集团下属公司，负责全球TCL智能电视终端系统开发和运营）开发的TCL Channel软件，为消费者提供海量视听内容（通过整合各大内容平台的内容）。同时，尝试新的商业模式，获得与内容服务有关的收入。这样，TCL就从单纯的硬件提供商，变成了"硬件＋软件＋连接＋融合"的服务商。

3. 研发和供应链

走向国际市场的家电、手机企业，研发平台和生产基地的主体还在国内（这有利于资源共享）。但近年来，一方面为了深耕当地市场，更好地服务当地顾客；另一方面为了规避所在国各种关税及非关税壁垒，顺应这些国家相关政策的要求，一些家电、手机企业开始将研发链和供应链从国内外移。目前，小米在印度已基本实现本地化（自办工厂生产以及与富士康合作生产），同时在班加罗尔开设研发中心。传音在尼日利亚和肯尼亚分别设有研发中心，在埃塞俄比亚开办了多家工厂。

⊖ 陈伊凡，李秀莉．隐藏在非洲的中国手机巨头[N]．经济观察报，2018-09-09．

4. 渠道体系

构建密密匝匝的渠道网络、移植深度分销模式，是中国家电、手机品牌国外市场战法的重要一环，也是它们取得竞争优势的重要举措。在美国市场，TCL（彩电）和 Best Buy、Walmart、Costco、Target、Amazon、Sam's Club 等零售巨头开展合作；在印度市场，TCL（彩电）开发了 3000 多家门店。小米（手机）进入印度市场，先从线上渠道（电子商务）发力，然后再铺设线下零售网络。目前，小米线上平台（小米网）已成为印度名列前三的独立电商，而线下则已开发约 5000 家门店。传音（手机）在尼日利亚等国也发展了大量经销商以及零售网点，同时，开设了千余个服务接触点。事实证明，密集布局网点、有效管理零售终端的深度分销模式，不仅适用于中国市场，也适用于国外人口众多、渠道分散的国家及地区市场。

5. 市场推广

与渠道体系相似，中国家电、手机企业进入国外市场，也导入了强力传播的市场推广模式。在越南、印度、尼日利亚等国家，时常可以见到中国家电、手机品牌的广告——创意本土化，媒体多样化。小米（手机）在印度与粉丝的互动热火朝天；TCL（彩电）冠名美国洛杉矶中国大剧院；传音（手机）在尼日利亚大小手机门店安装醒目的门头、店招……这都是将中国营销经验与当地市场特色相结合的标志性动作。

6. 组织体系

中国家电、手机企业在国外战略性区域通常都设有管理机构，并派出较多（与一些外国品牌相比较）的市场管理人员。这也是源于中国市场的经验：以较大的劳动密度，通过团队能力冲破市场障碍。而这背后的支持因素是中国企业员工艰苦奋斗的精神、敬业负责的态度，以及发动、激发员工的组织技术。与此同时，中国家电、手机企业也在实施人员本地化策略，扩大当地人员在团队中的比例。

总的来说，我国家电、手机企业的国际化进程尚处于初级阶段。大部分品牌还是以较低的产品价格、较大的市场资源投入来换取市场份额。这种打法的不足在于，盈利能力以及可持续发展能力较弱。未来如何提升中国产品在国外顾客心智中的定位，如何从价格驱动变为品质驱动、品牌驱动，如何依赖关键技术形成富有特色的智能服务，如何破解目前已有苗头的各种"逆全球化"的市场壁垒，都是我国品牌需要在国际化实践中逐渐解决的战略问题。

CHAPTER6
第六章

国内消费品市场战法（二）：立体连接

顾客流量分布的三个空间

规模化价值链的故事，主要在线下物理空间上演。但随着互联网（尤其是移动互联网）的发展，顾客栖居的空间从线下延伸至线上及社群（包括线上和线下），由此，国内消费品领域立体连接模式（战法）出现了。目前，能够较娴熟地运用这种战法的企业和品牌并不多——比较典型的有江小白（白酒）、三只松鼠（食品）、卡萨帝（家电）、小米（手机）、顾家（家居）等，但这种战法代表了未来战法创新的趋势和方向。立体连接概念甫一推出，就受到许多消费品企业的关注。㊀

我们先从顾客流量谈起。所谓顾客流量，是顾客浏览量、访问量、参与量、体验量以及购买量的统称，可以以顾客人数、顾

㊀ 施炜，刘春雄，张学军，等．从深度分销到立体连接 [J]．销售与市场，2020（2）．

客人次、顾客购买数量等计量。过去，人们常用顾客资源的概念表示。两者相比，顾客资源是静态的，而顾客流量则与时间、空间以及顾客行动有关，一会儿流到这儿，一会儿流到那儿。

目前，顾客流量主要分布于三个空间：第一个空间是互联网及移动互联网的虚拟世界，吸纳、承载流量的场景、媒体及平台，包括各类内容网站、线上社区、微博、移动终端各种 App（应用程序）等。第二个空间是由目标顾客（包括老顾客以及潜在顾客）所组成的社群——存在特定功能和意义（目的）的、遵循一定规则和规范运行和活动的群体，既包括以微信等社交平台为纽带的线上社群，也包括通过人际交往联结起来的线下社群。第三个空间是顾客发生真实体验的实体及物理现场，包括零售终端以及终端以外的楼盘、小区、样板间、街区、广场等。

顾客流量在三个空间的分布有三种情形：一是不同的顾客人群，在三个空间内的比例不同。换句话说，不同的空间，分别对应不同的人群及流量。例如年轻人的流量主要聚焦于网络空间，老年人的流量主要累积在终端现场，而中年人的流量在三个空间的比例相对比较均衡。二是属于同一群体的顾客，根据工作、生活场景的转换，其流量有时在线上，有时在线下，有时在社群。三是个别顾客欲满足需求、实现消费，其行为（可称为顾客价值链）根据不同需要穿梭于三个空间。例如某位朋友晚上想看电影，先上网搜搜最近有什么新电影上映，再在一些影评网站上看看评分和评论；然后在网上付款购票——交易完成了；最后一步是抵达电影院现场，抱着爆米花看电影。

栖居于网络、社群、现场三个空间的顾客存在交集：网络空间里的某些社交网络也有一定的社群属性，如微博；现场空间里也有社群，如零售店会员；同时，当现场空间电子化、信息化以及应用虚拟现实、增强现实技术之后，其和网络虚拟空间的边界也会变得模糊。

通往三个空间的桥梁

既然顾客流量分布在网络、社群和现场这三个空间，消费品制造商（品牌商）的连接之桥就应该通往这三个空间，并且针对不同的空间，安排不同的连接途径和纽带（见图6-1）。

图6-1 通往三个空间的连接之桥

这三个空间，从辐射、影响人群的范围以及顾客流量规模看，网络空间最大，社群空间次之，现场空间最小。从顾客体验的真切程度看，网络空间最虚，现场空间最实。从顾客流量的属性看，网络空间的流量具有公共性，通常称作公域流量；社群流量和现场流量具有封闭性，通常称作私域流量或自营流量。这三个空间由大至小、由虚至实，相互关联和嵌合，构成了结构化的顾客连接之场。对制造商而言，它们既是顾客互动的全部场景、窗口和媒介，也是实现产品销售的立体渠道。以制造商自办线上官网为例,它们既是展示产品、宣传品牌、传播信息的媒体,也是顾客可以下单购买产品的商场。

正因为媒体、渠道的一体化,传统的顾客连接模式(渠道链和传播链相互分离)变成了基于互联网的新连接模式(见图6-2)。

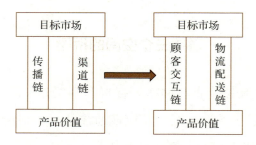

图6-2 互联网背景下连接模式的转变

图6-2的含义是:传播链和渠道链合二为一,变成顾客交互链;而原来属于渠道链的产品实物交付活动,当顾客不在现场空间与购买同步提取货物时,则独立出来变成物流配送链(可交由第三方完成)。

认知、交易、关系一体化

顾客交互链,显然具有认知和交易的功能。如果将关系营销(并非找熟人、拉关系)理念导入的话,它还应具有关系功能。所谓认知,是指顾客认知。从制造商的角度看,它意味着通过传播、沟通,使产品、服务以及品牌等信息为目标顾客所理解和认知。而顾客认知显现出阶梯状的层次:从接触到了解,再到理解、认同和偏好。认知是交易的前提,没有认知,基本上就不可能有交易。

交易功能比较容易理解，是指顾客购买或实现产品销售。关系功能是指经营顾客资产，发展、深化与顾客的关系，创造顾客终身价值。认知、交易、关系三者的关系，从逻辑上说，认知是起点，交易是过程，关系是归宿。在实践中，这三者是首尾相连的循环。理想的状态是：在和顾客长期合作的过程中，认知不断强化，关系不断深化，交易水到渠成。

显然，当媒体成了渠道，对供需双方来说，认知即交易，但交易并非顾客交互的最终目的，恰恰相反，它是双方建立关系的起点——交易即关系。概括成一句话，即认知、交易、关系一体化。首先是时间和空间意义上的一体化，即顾客认知和购买（从制造商角度看，则是沟通与交易）可以在同一时间、同一空间（场景）下发生。通俗地说，当顾客的手机须臾不离其身时，顾客可以随时、随地认知和购买。其次是行为意义上的一体化，对供需双方都是如此。对顾客而言，在网络、社群、现场任何一个空间内，其动线（行动轨迹）中的某些动作同时体现认知、购买、发展与品牌的关系三种目的和意图（例如加入会员，获取优惠券并再次购买）。对制造商而言，某些（未必是全部）活动和行为，同时具有认知、交易、关系三种意义和作用。例如产品及服务的形态、品牌的理念和创意、现场的氛围以及各种形式的活动等，既有利于顾客认知，也能促进销售，还能构建、强化与顾客的关系。

三种功能在三个空间内的分布

对制造商来说，一个重要的策略行为，是统筹安排这三种功能在三个空间里的分布，使三种功能在立体空间里整体效果最大化。配置、分布方案主要有以下三个依据。

一是不同空间（场景）与认知、交易、关系三种功能的契合程度。也就是说，某个空间可能更加有利于某种（或某几种）功能的实现。网络空间无边无际，面向范围广阔的顾客人群，传播速度快、效率高，交易无时空限制，因此可以将其作为吸引流量、传播信息、实现交易的大管道、大平台。社群空间有利于与顾客直接交往、反复接触，实现双方心理及情感层面的交融，最适合建立信任、深化关系（是否在社群中设置交易功能，需要视社群的属性而定）。零售终端以及其他物理空间，主要功能是使顾客真切感知、体验产品的实物形态以及使用场景，驱动顾客做出购买决策。

二是顾客价值链和行动路线。企业根据顾客在三个空间内的动作过程，设计、安排与顾客的全程交互活动。无论顾客线上浏览、线下购买，还是反过来线下体验、线上购买，以及更为复杂的三个空间穿越，企业都能与之融合和对应。

三是与顾客交互中发生的数据流。顾客在三个空间的活动，会形成大量的数据。利用这些数据，企业可以引导、调节顾客价值链，进行敏捷化、精准化、智能化、人性化的营销运作，使认知、交易、关系三种功能在三个空间内的分布更加合理，使每个空间的功能与顾客愿望、习惯契合，从而提高顾客交互链的效率。

根据上面三个变量进行配置，可以得出三种功能在三个空间的分布（见图6-3）。

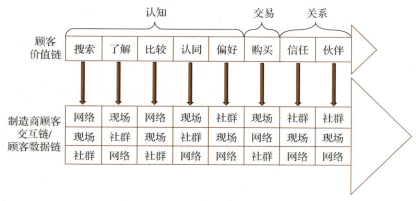

图 6-3 三种功能在三个空间的分布

制造商顾客交互链中，对应于顾客价值链每个环节的三个空间排列顺序，代表了各个空间的意义大小和重要程度。通俗地说，"搜索、了解……伙伴"各项活动，都有最适宜、较适宜的空间。

我们把三个空间和三种功能结合起来，概括出互联网时代一般性的立体连接模式，即三度空间、三位一体模型（见图6-4）。

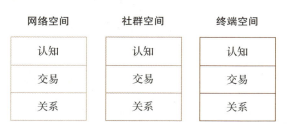

图 6-4 三度空间、三位一体模型

连接模式的选择

在三度空间、三位一体的一般性立体连接模式下，各个企业依据自身的成长阶段、能力基础以及外部竞争要求等因素，可以选择不同的连接模式。

首先是顾客交互空间选择。制造商根据自身的目标市场定位、产品价值定位及价值形态、所处的生命周期阶段、资源能力条件等因素，可以只选择一个空间——单纯网络、单纯现场或单纯社群，也可以选择两个空间（网络＋现场，社群＋现场，网络＋社群），当然，还可以选择三个空间。从一些企业的创业历程看，往往刚起步时或成长初期只选择一个空间；随着企业规模扩大、能力增强，逐步进入其他空间。科沃斯（扫地机器人）、小熊（家用电器）等品牌都是依托网络空间发展起来的。而小狗（家用电器）则长期在线下空间里耕耘，近年来亦将线上空间作为战略重点。三只松鼠（食品）发轫于线上空间，目前正大力拓展线下连锁终端。对大多数消费品企业而言，三个空间"一个都不能少"，需对它们进行整体考量和结构组合；依托信息数据，在三个空间内引流、掘流，使之形成彼此呼应和相互增强的机制，从而使顾客体验整体最优、顾客交易成本整体最低以及交易整体最大。这就是结构产生能量。

其次是在确定了顾客交互空间的前提下，对认知、交易、关系三个功能在既定空间内的分布做出选择。比如，同样是网上虚拟空间，有些制造商赋予其渠道和交易功能，有些制造商则仅仅赋予其顾客认知及传播、沟通功能。再如社群空间，有些制造商将其定位为维护和深化关系的机制，有些制造商则将其作为主要的销售管道。在2020年新冠疫情期间，社群直播异军突起，有的企业更是将其作为常规渠道。

以小米等手机企业为例，一方面，它们在互联网上听取顾客意见、与顾客互动讨论，展示新产品，进行市场测试；发起会员活动，提供会员优惠（这属于社群运作），并提供交易/销售服务。另一方面，它们积极拓展线下实体零售店渠道，按照掌控终端的理念强化终端的现场体验、品牌宣传和产品销售等多重功能。同时，在庞大的产品用户和会员人群中，它们邀请部分粉丝参与线下互动活动，通过多次、持续、直接的接触，实现与顾客的深度交融。从引流角度看，线上（网络）和线下（终端）互相引流、社群和终端互相引流、社群和网络互相引流，在多个方向上叠合发生。

立体连接模型的扩展意义

"三度空间、三位一体"模型毫无疑问属于营销模式的创新，但它在价值链型商业模式前提下，又具有整体战法的属性，对商业模式各个环节、要素都产生了一定的效应。下面我们从操作角度分项说明。

1. 目标市场

三度空间的立体连接，有助于顾客人群和场景的细分。因为在三度空间内和顾客连接、交互，可以更加精准地发现顾客流量的分布和结构，有可能找出合适的需求空间。同时，立体连接意味着与顾客的沟通无边界、全覆盖、数字化，因此有利于精准辨识顾客需求。目前，许多品牌基于不同空间的顾客流量特征，针对细分需求集合开发了不同的产品系列。例如，当顾客交互只有线下现场一种场景时，几乎没有家居品牌重视年轻的城市未婚青年。但在线上，他们人数众多、非常活跃。针对这一群体，一些家居品牌推出了时尚性、功能性俱佳的单椅、单人沙发、单人床及床垫等产品。

2. 产品价值

立体连接背景下，企业与顾客的交互更直接、更频繁，也更具互动性和反馈性。为使产品价值与顾客交互产生共振及相互增强效应，可以添加产品的知识性、情感性价值——顾客在长期、多场景、参与式的体验中，会产生或增进对这类价值的认知和兴趣；同时，可以增加产品的个性化价值和时间价值（快速变化）。相应地，价值链运动方式朝敏捷化、柔性化和智能化方向变化。

3. 传播和沟通

立体连接意味着面对多层次、多形态、碎片化媒体的新整合传播：整合传播、沟通的内容、创意、途径和手段，吸引、挖掘流量。主要的传播、沟通策略及操作要点有以下五点。

第一，利用互联网空间打造公开、透明的产品价值链，实现与顾客共享相关知识，为顾客提供数字化体验，使顾客参与价值创造。

第二，利用互联网空间以及自媒体、社交网络打造有吸引力的内容，引发网络式的自发传播。

第三，利用互联网空间和社群空间分解多种类型的顾客层，形成针对不同场景和人群的差异化的精准沟通策略与模式。

第四，利用社群空间和社交网络与重点顾客持续、深度沟通，发展意见领袖，进行愿景和期望营销，与顾客达成心理契约。

第五，利用三度空间打造 IP 内容、事件及活动，使之符号化、平台化。所谓"符号化"，是指内容、事件和活动已具有一定程度的抽象性，成为有特定意义的标志和标签；所谓"平台化"，是指内容、事件和活动成为某种标准化的类型，其基本结构和要素已经相对规范和固化，在此基础上可迭代和创新。

4. 渠道策略

三度空间，对品牌商而言，构成了立体渠道。同时，有必要将深度分销理念引入三度空间，优化渠道布局，避免渠道冲突，发挥立体渠道的整体效应。

当认知和关系这两种功能并存于三个空间时，三个空间之间不会发生冲突；但是当三个空间均有交易（销售）功能时，会产生摩擦——主要是线上渠道和线下渠道的冲突。电子商务刚刚兴起时，有些制造商将其理解为具有前途的新型通路。在一些电子商务企业的引导乃至裹挟下，在线上以低价吸引流量，使线下渠道利益受损（产品销售的利润下降甚至不复存在），从而导致线下渠道资源和顾客资源流失。这对原来以线下销售为主的企业而言，几乎是颠覆性的打击。

经过几年的摸索，目前，大部分制造商已经开始整体统筹线下线上通路结构，使两者相互协同并产生最大的效果。为避免线上线下渠道发生冲突，可以将它们适当区隔——要么按目标市场区隔，要么按产品系列区隔，其本质在于依据不同的需求集合进行差异化营销。有的企业将线上价格作为线上线下全渠道价格的标尺，根据需要进行高或低两个方向的调节；有的企业做法和通行的做法相反，将相同产品的线上价格定得比线下还高——这种情形比较少见；还有的企业利用线上顾客交互途径进行产品的价格测试。

  目前，立体连接模式已有一些成功案例，但是在新模式的探索和实践中，大部分制造商都遭遇了诸多难题。主要有系统思考缺失，路径依赖和习惯拖累，创新意识薄弱，经验积累不足，短期销售目标导向，团队的专业程度不够，以及能力达不到新模式的要求，等等。

国内外中间工业品市场战法：饱和式服务

战法框架

无论国内市场还是国外市场，中间工业品的需求由其下游产品定义，通常具有客观性和确定性，因此，与之相关的企业竞争方法、策略相应地具有一定程度的普遍性。事实上，一些企业国内、国外两个市场的竞争策略是统一在一个整体框架之内的（具体做法必然有所差异）。笔者在分析华为（通信设备）、三一重工（工程机械）、汇川技术（自动化设备）、歌尔声学（电子零部件）等企业案例的基础上，概括出"饱和式服务"的战法。

下面我们对中间工业品"饱和式服务"战法涉及的价值链中的各个变量/模块/环节进行说明，如图7-1所示。

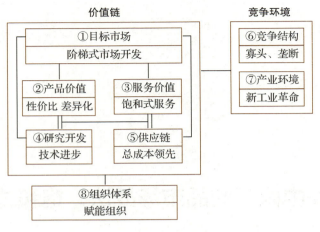

图 7-1 中间工业品价值链

目标市场

几乎所有成功企业,均采取阶梯式的目标市场开发策略。也就是说,将市场划分为多个层次,先进入层次较低的市场(技术门槛较低、较容易进入的市场),再逐步进入层次较高的市场(技术门槛较高、不容易进入的市场)。这样循序渐进地开发市场,有利于动态地积累经验、锻炼队伍、培养能力、汇集资源,从而提高获胜的概率。这种策略,有一些"农村包围城市""积小胜为大胜"的意味,适用于起点较低、初始能力较弱的企业。

市场层次划分通常有三个维度:一是客户规模、实力、行业地位维度,可以将客户分为大客户、小客户,强客户、弱客户等。二是地区维度,可以将客户分为发达地区客户、非发达地区客户等。三是行业维度,可以将客户按照行业属性进行分类——不同行业市场进入难度不同。从市场开发路径看,歌尔声学(电子零部件）基本上按第一类阶梯递进（攻克手机行业重要客户后，再攻克苹果手机）；华为（通信设备）则在国内、国外两个市场上均从非发达地区向发达地区延展；汇川技术（自动化设备）选择部分进入壁垒较低的行业市场作为成长初期的重点市场，在发展过程中逐步扩大行业市场范围。当然，也有的中国企业通过收购国外企业等方式，一举进入高层级市场。需要指出的是，不断进行客户升级，并以此牵引产品升级和技术进步，是中国中间工业品企业转型发展、动态进化的重要途径和有效手段。

产品价值

在技术基础薄弱的情况下，我国大部分中间工业品企业的产品竞争力在于性价比：与竞争者产品相比，当品质、性能相同或相近时，价格更为便宜；或者当价格水平相同或接近时，品质、性能更加卓著。还有一种比较典型的性价比优势表现为：产品品质、性能差一些，但价格低得更多。长期以来，我国某些领域的中间工业品以巨大的性价比优势碾压国外竞品——背后的支撑因素是研发及供应链成本领先。这正是全球许多领域的供应链不同程度"中国化"的主要背景。随着我国工业化的推进，许多中间工业品的性价比优势逐步从低端产品延伸至中高端产品。

除了性价比优势，中国部分中间工业品企业的产品还具有差异化（独特性）价值优势。主要体现在两个方面：一是基于技术创新的某些应用价值创新，更好地满足了客户需求。10多年以前，华为（通信设备）在欧洲市场上凭借创新性的分布式基站解决方案

（后来迭代至第 4 代），实现了对爱立信通信巨头的超越。这一技术获得了 2008 年度国家科技进步二等奖。三一重工（工程机械）依托技术进步，开发出了多个打破混凝土泵送高度世界纪录的泵车产品，它们在全球高层建筑施工领域具有领先优势。二是基于客户个性化需求的解决方案创新。这一实现过程，包括这方面优势形成、实现的相关环节及要素，如图 7-2 所示。

图 7-2　个性化产品解决方案实现过程

例如，汇川技术（自动化设备）在产品平台基础上，形成多个分行业的解决方案，从而满足不同行业客户的差别性要求。需要指出的是，对处于成长初级阶段（创业阶段、机会成长阶段）、技术能力不足的中国工业品企业来说，将核心能力定位于客户需求的洞察和理解，前置性地参与下游客户的研发、生产等价值创造活动，同时在下游产品的使用场景中发现客户个性化的痛点和关键期望，并迅速做出反应，是其实现较快增长的有效途径。目前，以个性化需求为导向的定制化生产和交付，已经成为制造业的主流市场商业模式和运营模式。

服务价值

对下游客户来说，中间工业品企业提供的服务价值，与产品价值同等重要甚至更为重要。客户所关注的，是集产品价值和服务价值于一体的总体获得。在某些情形下，服务价值可以弥补产品价值的暂时不足。于是，当技术能力不足、产品价值优势不明显时，服务价值就成了渗透市场、开发客户的利器。如图7-3所示，揭示了产品价值和服务价值的组合的动态变化。

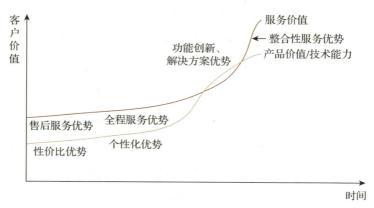

图 7-3　产品价值和服务价值的组合

中间工业品企业主营业务成长之初，由于缺乏核心技术，产品不具备壁垒性的差异化价值（即使产品有所创新，也很快被竞争者模仿），因此，只能依托成本能力，凭借产品性价比优势切入市场。与此相对应，当客户对产品品质、功能等有所疑虑时，企业以售后服务优势（主要体现在售后服务响应速度、保养承诺、服务人员行为规范及细节等方面）为产品加持、背书，稳固市场份额和基础。随着技术能力提高，产品价值优势在于客户个性化需求的满足并逐步延伸至核心功能创新以及解决方案创新（帮助客户实现功能）。与此相对应，服务优势体现在服务的整体设计、运作以及全部过程、各个环节之中。以华为（通信设备）为例，从发现线索到与客户沟通，从参与招标、投标到设计方案、交付产品，从设备装机施工到运行维护……整个过程衔接顺畅、规范细致，同时每个环节都尽可能做到尽善尽美。当企业技术进步到一定程度时，就有可能实现产品核心功能或重要功能创新，有可能提供集成式的解决方案。在这种情形下，对客户来说，产品价值的重要性或许超过服务价值。但到了这一阶段，服务价值也会相应深化，定位于帮助客户实现价值，即帮助客户完成目标、创造收益、达成使命。在这种定位下，服务内容涉及为客户提供金融、赋能服务，帮助客户创新商业模式，推动客户开发新的产品……这是与客户深度融合的整合服务，也是面向未来的服务。当服务到了这种境界，它会超越产品、牵引产品，使产品价值成为总体服务价值的组成部分，而企业主业则从制造业属性转变为服务业属性。[一]

对我国一些优秀中间工业品企业来说，营销等于服务，服务就是营销。它们以止于至善的理念，使服务贴近客户愿望。这就是饱和式服务——服务供给和服务需求之间的差异无穷小。结合华为（通信设备）、三一重工（工程机械）等企业的做法和经验，笔者概括出"饱和式服务"的主要内容和特点。

第一，服务人员和服务力量压强；充分保证客户服务所需的人员及其他资源；在服务资源的规模和体量上远远超过竞争对手。

第二，适应服务需求发生的众多场景。也就是说，哪里有服务需求，服务的触角就延伸到哪里，服务人员就出现在哪里。无论是雪山深谷还是岛屿荒漠，无论是炮火连天的战场还是条件恶

[一] 孙林岩，等. 21世纪的先进制造模式——服务型制造[J]. 中国机械工程，2007，18（19）：2307-2312.

劣的穷乡僻壤，都有企业服务人员的身影。

第三，对客户服务需求做出敏捷的回应。服务人员以最快的速度到达客户服务需求发生现场，并在尽可能短的时间内保质保量地完成服务任务，践行服务承诺。

第四，追求行业内最高的服务品质；设定具有竞争壁垒的服务标准，做出使客户放心、满意的服务承诺；服务运作和服务行为精准、细致，有较大的强度（有力、抗压、坚韧）。

第五，根据客户服务需求设计结构性的服务体系（多个服务项目和体验程序相互关联），为客户提供全方位、整体性服务以及服务解决方案；针对客户内部决策网络中的多种角色，如决策者、使用者、咨询者、监督者等，做出个性化、差异化的服务安排。

饱和式服务是个动态概念。这一段时间内服务饱和了，但下一段时间内客户需求、期望发生变化，服务又会变得不饱和，服务改进将不断再出发……这是永无止境的。显然饱和式服务意味着服务劳动密度（参见第十二章中的"资源密度"）接近极限，而背后的支撑力量则是具有高服务意愿和高服务功能的服务团队。

研究开发

我国大部分中间工业品企业技术基础薄弱，业绩增长依靠营销驱动，依托成本能力。但部分优秀企业在成长之初便注重技术开发和创新，形成成本、营销、技术三轮驱动企业发展的动态战略格局。在成长过程中，这些企业在长期目标的牵引下，始终追求技术进步，为产品价值和服务价值提供技术支持。从模仿到创新，是它们技术能力提升的基本途径；先应用后基础，先边缘后核心，先局部后整体，是它们技术开发的战略路线；开展对外技术合作，实时把握技术汲取机会，点点滴滴地获取外部技术，是它们弥补技术短板的重要途径；认准方向后，聚焦主航道（主营业务），集中力量，压强攻坚，坚持不懈，不零打碎敲，不知难而退，不时断时续，则是其产生技术成果的主要战略因素。而产品价值、服务价值和高技术含量的循环，则是这些企业扩大竞争优势、提升市场地位的内在机制：只有产品具有一定的附加值，才有条件持续开发技术；因为持续的技术创新，才使产品的高附加值得以保持。正是因为这样，企业跳出了"低绩效—低能力"的陷阱。

供应链

我国部分中间工业品企业之所以能够在相关产业全球链条上占据短期内竞争对手难以替换的一席之地，主要因素不是研究开发，而是高效率制造。其制造体系虽不及日、德竞争企业那么高端，但是体量、规模之大，交货能力之强，配套网络之全，在全球可以说是独一无二的。很多优秀企业的产品已嵌入一些著名国外品牌的全球供应链，并具有举足轻重的地位。

据笔者观察，这些企业的制造体系由三个关键要素组成（见图 7-4）。

国内中间工业品企业普遍重视设备投入，注重设备领先（在很多领域，设备的先进程度是影响制造效率和产品品质的主要因素）。为降低制造成本，部分企业致力于扩大自制设备的使用范围，如歌尔声学（电子零部件）的基本做法是：核心设备进口，辅助设备自制。在领先设备基础上，一些企业根据客户需求和产品特点，进行局部的工艺创新和技术改造，而这往往是领先外部竞争者的关键所在。

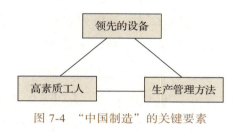

图 7-4 "中国制造"的关键要素

高素质工人是我国独有的宝贵资源，他们年轻、文化程度较高、勤劳肯干、遵守纪律，是"中国制造"最主要的支撑力量，是人力资源红利的主要载体。我国改革开放几十年制造业的快速发展，与他们的付出是分不开的。

和互联网独角兽企业主要模仿、借鉴美国商业模式不同，我国许多中间工业品企业长期以来学习日本、德国（以日本为主）的生产管理经验和方法。撇开那些劳动密集型低端产业中的企业不论，具有一定技术含量的企业大都对标日本、德国以及韩国企业，导入精益制造管理体系。饶有意味的是，我国台湾地区富士康等企业（它们本来就有日本管理模式的传统）充当了部分大陆企业学习日本管理模式的桥梁。一些提供制造管理咨询服务的知识机构，创始人也有在日本企业工作的经历。目前，智能化、数据化已成为企业制造体系的进化方向，"中国制造"将持续升级。此外，一些企业根据客户分布状况，在全球范围内进行生产能力及供应链布局。

如果把产业发展比作登山，我国制造产业总的来说已离开山脚——当然，有的产业跑得快一些，甚至已登上山顶，如通信设备；有的产业还在山腰之下徘徊，如一些劳动密集型产业。制约"中国制造"的三大因素——装备、材料、软件，短期内难以全部解决。如果出现"逆全球化"以及世界范围内产业链空间分布调整，我国制造产业的发展有可能面临重大阻力。只有坚定不移地提高产品的科技含量、价值密度以及集成度，提高制造体系的效率以及精密、精益程度，发挥高素质工人以及工程师的优势（未来人力资源红利所在），我国制造产业才有可能不断向上攀登，最终进入不可替代、难以撼动的境界。笔者在撰写本书时，真真切切地感受到中国制造业又一次来到历史的十字路口。

竞争结构

华为（通信设备）、三一重工（工程机械）、汇川技术（自动化设备）等企业所面对的竞争者大都是西门子、爱立信、施耐德、卡特彼勒等全球巨头。它们所在的产业领域，经过持续整合已呈现出寡头垄断的竞争结构。如何超越看似不可逾越的大山？大约20年前，华为（通信设备）作为挑战者距离市场领导者还很遥远时，任正非就发出了"必进全球前三"的豪言壮语！他们的自信从何而来？今天看来，他们找到了基于自身人力资源优势、管理及文化特点的"战法"。

第一，聚焦主营业务，动员、汇集资源，快速追赶；与国外企业相比，价值创造活动上的资源密度（主要是知识型劳动密度）更大——劳动者数量多、劳动时间长、投入程度高。

第二，深度理解顾客需求，敏捷反应，提供个性化产品和服务解决方案；在价值活动的柔性、弹性程度上超过竞争者。相比而言，某些国外品牌、产品是标准化的，满足顾客需求的程度较低，同时反应较慢。

第三，通过饱和式服务，使客户产生较高的满意度。饱和式服务来源于饱和式服务的劳动密度，而这恰恰是某些外资企业望尘莫及的。

第四，凭借成本领先优势，向客户提供价廉物美、性价比具有不可抗拒的吸引力的产品。

以上四点，都与企业人力资源尤其是高素质、知识型人力资源有关。可以说，华为等企业的主要竞争优势在于人力资源优势。而其背后的企业内部使能（使这种优势得以形成）因素则是企业人力资源、企业文化管理体系和管理行为。

产业环境

和面向国内市场的消费品企业不同，具有远大抱负、参与全球市场竞争的中间工业品企业，其发展成果以及发展路径与全球环境息息相关。在众多环境变量中，有两个因素最为重要：一是全球化，即全球范围内产业转移、重组以及要素的流动。总的来说，我国企业是受益者，作为后发追赶者，以较低的成本输入了某些技术和管理知识，并获得了全球市场机会。有些企业收购国外企业（例如三一重工收购德国普茨迈斯特），提升了产品档次和客户层次。二是新的产业革命。这场革命涉及云计算、人工智能、新能源、生物工程等多个领域，为人类展开了新的生产方式和生活方式图景。产业革命的核心内容是技术革命——它像一列高速运行的列车，不断把传统技术甩在后头。企业如果登上技术革命的列车，就会有光明的未来；登不上，则会被淘汰出局。对少数企业来说，这是机遇；对大多数企业而言，这是难以逾越的障碍。华为作为我国创新型企业的代表，乘着技术革命的波浪，缩短技术进步过程，在不太长的时间内，成为通信领域的技术领先者和技术革命的引领者。华为的经验证明，在产业革命及技术革命的背景下，选择具有前景的技术方向，保持和加大资源（资金、知识型劳动力）投入的密度，就有可能取得技术突破和市场突破，并实现对竞争者——无论是怎样的庞然大物——的赶超。华为（通信设备）的战略和战法揭示了我国企业在技术革命背景下进化和成长的可行路径。令人感叹的是，华为这样的企业太少了！

组织体系

这里的组织体系是指与战法相关的市场组织体系。由于注重服务，注重敏捷反应，华为（通信设备）等企业均致力于构建贴近客户、高效快捷、灵活机动的市场组织。目前，"特种兵＋赋能平台"的组织架构较为流行。特种兵通常是一个小组，一个团队，素质优良、作风勇猛、装备先进、分工明确、作战能力强，是价值链前端与客户直接交互的主体。在一定的区域范围内，特种兵团队被赋予较大的相机决策权力，并能牵引、指挥后方赋能体系的

"炮火"（资源）和行动。这是"班长的战争""一线呼唤大炮"等说法的由来。华为（通信设备）区域办事处平台上的"铁三角"，分别是客户经理、技术/产品经理以及交付经理三种角色，是特种兵团队的典型形态。其构建的逻辑，是不同的角色分别提供不同的服务，整体服务效能最大化。赋能平台即赋能体系，其组织形态为企业内部机构，功能复杂多样，涉及训练培训、知识共享、策略指导、资金支持、技术援助、信息系统支撑、物流配送服务等方面。赋能平台的组织体系可能是多层次的。通常由区域市场管理机构、总部市场管理机构以及其他相关机构所组成（见图7-5）。

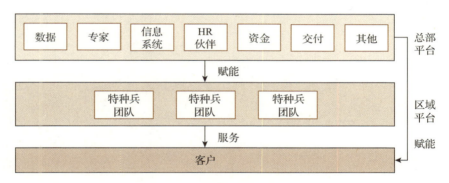

图7-5　区域市场赋能组织体系

华为（通信设备）由于经营体量巨大、业务全球布局，赋能组织体系多了一个层次。在区域平台（如国内省级办事处、国外国家级办事处等）之上，设有大区平台（如中国大区、南美大区等）和总部平台（如大区联席会议，相当于市场总部）。主要的赋能工作由大区平台完成，需要总部协调资源的赋能工作，如邀请世界顶级科学家参与讨论或指导，由总部平台承担。有的企业，将总部平台中部分更加贴近于区域平台和特种兵团队的赋能职责（如数据服务、信息系统支持等）独立出来，设置承载这些职责的中台。这样做，并没有改变赋能平台（体系）的基本结构和功能。

"特种兵＋赋能平台"的组织形态，既是分布式的也是职能式的，既有灵活性又有统一性，将服务策略、服务设计和组织设计结合起来，将市场一线（特种兵团队）经营效率和企业整体资源利用效率结合起来，使小区域精准攻击和大范围协同运作，并行不悖。支撑这一体系的，除人员素质外，最重要的因素是起连接、协同作用的流程体系和组织文化。

CHAPTER 8
第八章

国内消费服务市场战法：
连锁复制和顾客流量飞轮

线下连锁复制的模块构成

消费服务产业林林总总，可以分为线下、线上两大类。线下服务产业主要有商品零售业、餐饮业、旅游娱乐业、快递业、客运服务业等；线上服务产业主要有零售型电子商务业、内容及信息服务业等。有些消费服务业包含线上线下两种服务场景或服务要素，如面向个人和家庭的金融服务业、通信服务业等。随着互联网的发展，几乎所有消费服务产业的价值活动都在发生线上、线下的融合。我们在说明线下消费服务战法时会涉及线上，反之亦然。

连锁复制是线下消费服务业的基本战法及扩张模式——将局

部样板复制至更广阔的空间。局部样板既可以指实体店或物理场景（如海底捞的餐厅样板、亚朵的酒店样板），也可以指一定空间和辐射半径内的服务模式（如顺丰的区域服务网络样板），抑或兼而有之（如永辉超市的超市样板加上区域配送服务样板）。当样板复制超过一定的数量，整个业务经营体系（由多个实体店或物理场景以及区域服务网络组成）就会产生连锁（关联）效应，包括品牌/顾客信任效应、内部学习效应、供应链规模效应、管理效率提升效应以及有关资源共享效应等。从实操角度看，进行试验、提炼样板模式的实体店（或物理场景）、区域性服务网络，数量可能不止一个，但用于复制的样板通常只有一种（多种样板，代表多个服务类型或服务产品线，适用于多个目标市场）。如有的品牌将零售专卖店分为至尊店、时尚店等，不同专卖店现场氛围、顾客体验、销售品种均有差异。

线下连锁复制模式的模块构成，如图 8-1 所示。

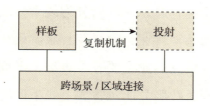

图 8-1　线下连锁复制模式的模块构成

下面我们结合餐饮业、快递服务业优秀企业的实践和经验对各模块分别进行说明。与零售、旅游等产业相比，这两个产业已经出现了全国性的、正在走向世界的巨头。

线下连锁复制的基础：样板

在图 8-1 中，"样板"是线下连锁复制模式中最核心的元素和模块。从直观上看，样板指某个实体店或某个服务场景，以及某个区域的服务网络；究其内涵，它是企业基本经营单元的运营模式，是商业模式的浓缩，是与顾客交互、赢得顾客满意和忠诚的智慧结晶，同时也是基本经营单元的管理标准。如果把整个业务体系比作一个生命体的话，样板就是其中的细胞，蕴含着生命体生成、发育、成长的信息。

样板除了实体形态，还有知识形态，由一系列业务和管理规范（体系）组成。以餐饮业为例，样板规范涉及店面选址、品种、菜式、空间装修、服务程序、顾客体验、会员系统、厨房设施、后台操作、物料采购、卫生防疫、环境清理，以及财务核算、人员管理（招录、训练、考评、激励、约束）等方方面面。上面的罗列未必全面且均为标题，细分子项数以千计。笔者更关注的，是样板在激烈的竞争环境中脱颖而出的智慧。以海底捞为例，在某个区域各个门店品种、菜式基本标准化的前提下，基于顾客体验链，构建了一条超越性的服务价值链（根据笔者实际体验概括），如图 8-2 所示。

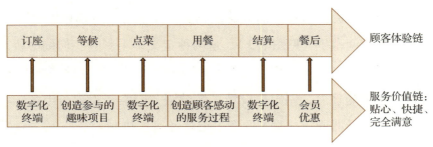

图 8-2　餐饮企业海底捞的服务价值链

按照服务营销理念，顾客价值链从起始环节到结束环节之间的全部过程都是企业服务人员与顾客互动的关键时刻。在这一过程中，良好的态度、规范的行为、替顾客着想的共情同理之心以及有质感的细节，是服务人员必须做到的基本要求——做到这一切，顾客通常会基本满意。而欲使顾客完全满意，则需发现顾客的隐性需求，并及时做出反应；发现契机，创造顾客感动，营造"真实的瞬间"——使顾客情绪（好感）产生脉冲的瞬间。这种方法，原理并不复杂，但运用到实践中并不容易。顾客满意的驱动因素是服务人员对所在企业、组织的满意，而这恰恰是企业管理最难实现的目标。所以，人们才会说："海底捞，你学不会。"㊀

和海底捞等餐饮企业不同，快递服务企业的业务基本经营单元不是实体营业部。它们不是与顾客交互的主要界面，而是货物整理的场所以及吞吐货物的小型码头，因此对这类企业样板的考察要扩展至区域服务网络。这个网络由多个营业站（营业部）、服务人员（快递小哥）以及顾客自助终端等组成。这里的"区域"可以是一个管理概念，即各营业部（营业站）上一层级管理机构管辖的范围（如××快递深圳市南山分部之南山区，区域划分和行政区划未必完全一致）；也可以是一个集散体系概念，即某个集散、中转中心（负责快递物品的分拣及物流港口服务）所辐射的全部营业网点的空间范围（见图8-3）。这两种定义都不影响我们的分析。

顺丰等快递企业，围绕快速、安全等顾客价值主张，按照经营顾客资产的理念，制定、设计了区域服务网络密集渗透市场（与深度分销有异曲同工之处）的竞争策略和运作机制。

㊀ 黄铁鹰. 海底捞你学不会 [M]. 北京：中信出版集团，2015.

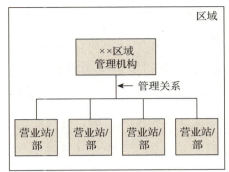 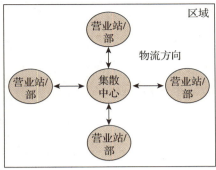

图 8-3　两种意义的区域服务网络

注：图中营业站／部的个数只是示意，没有实际意义。

在一定的区域范围内，比如特大城市的某个区、某城市全部城区、某个县等，根据需求潜力设置相对较多（与竞争者相比）的营业网点（营业站／部等）；每个网点覆盖一定的空间范围，配置一定数量的服务人员。服务人员（快递小哥）像农民般承包土地，在自己的资源边界内精耕细作——寻找顾客、拜访顾客、服务顾客。这样既能使上门服务速度加快、物流成本降低（因为距离较短），又能促使服务人员改善服务态度和服务行为。更重要的是，扎根市场、精细运作，有利于服务人员全面、准确、深入地了解顾客数据、赢得顾客信任（与顾客长期、反复交往的结果），并发展与物业公司人员、大楼保安人员、企业客户前台文员等的伙伴关系。这些伙伴是服务人员及快递品牌的宝贵社会资本，不仅能够帮助服务人员快速、精准发现需求并第一时间做出反应，也能帮助快递品牌提高市场份额，建立竞争壁垒。

区域服务网络建设的关键问题是，快递企业刚刚进入新的区域市场、客源及物品流量较少时，就需保证网点和人员有一定的密度（设置较多的营业网点，安排较多的服务人员），这样才能在服务网络运作之初就能体现快递之快。随着顾客数量以及物品流量的增加，营业站/部与集散、中转中心之间物品流动的频次（发车次数）将会持续增加，集散、中转场所向区外目的地发货的频次也会相应增加。显然，这意味着物品在各层次物流港口（营业站/部，集散、中转场所）滞留的时间减少——而"积水"（货物囤积）恰恰是一些网点、人员和物品流量减少的快递公司的痛处。

物品流量与服务速度正反馈的区域市场密集开发模式的成功，取决于服务人员的敬业态度、锲而不舍的精神以及严格、细致、标准化的服务行为，同时依赖于数字化、信息化系统。目前，我国优秀快递企业在信息系统平台的支持下，广泛使用数字化工具和手段，提升顾客预约、下单、查询、签收、付款等全过程的数字化体验，既能提高顾客满意度和服务运作效率（速度），又能推动顾客参与监督。

线下连锁复制机制

图 8-1 中，"复制机制"在连锁复制模式中基本上属于管理要素，当然也有一定的策略成分。以餐饮业为例，开设连锁店，涉及区域选择、商业业态选择（如：是购物中心，还是购物街区，抑或旅游小镇？）以及位置选择等。但在资源具备的前提下，这些问题都是容易解决的。如果不采用加盟模式，复制机制中最重要的机制是连锁店店长复制机制。目前，海底捞等餐饮企业都采取了现有店长培养候补店长的店长衍生模式。在"师—徒"结构下，现

有店长的徒弟如果成为新店店长，其师傅可以分享新店的经营利润，并且以后能够分享新店长的徒弟（现有店长的徒孙）成为店长后的经营利润。当然，分享链就此而止且分享比例依次减少。这种机制，极大地调动了现有店长培养候补店长的积极性，同时也激发了具有店长潜质且有成长冲动的徒弟的学习愿望。这是中国传统师徒模式在新的时代背景下开出的新花朵。

和餐厅、宾馆等领域单店可以独立经营不同，快递企业单一的区域服务网络不具有经营意义，必须将多个区域服务网络连成片，汇集成更大的网络。换句话说，快递企业的网络规划和建设必须在较大的地区范围内（如珠三角多个城市、长三角多个城市）多区域同时进行，而服务网络复制则是从一个较大的地区复制至另外的较大地区。有的快递企业是将一个大区（如珠三角地区）做实，即网络密布后再进入另外的大区（如长三角地区），以滚动方式实现全国网络连锁（见图8-4）。当然也有财大气粗的互联网企业在全国范围内，几乎同时开展网络布局、建设与运营。

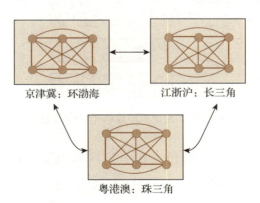

图8-4　快递企业区域服务网络复制示意图

注：方框中的圆点代表某个区域服务网络。

从人才复制角度看,新地区所需要的是多职位、成建制的管理团队。"师—徒"模式很难实现这样的要求。因此,快递企业管理团队复制,只能依托系统化、结构化的干部培养和选拔任用体系。

连接平台和赋能体系

图 8-1 中,"跨场景/区域连接"是指支撑连锁店以及区域服务网络运行的资源共享体系和赋能体系。其中,通用性、普遍性的资源支持和赋能职能包括人才开发培训服务、信息系统服务、数据服务、资金支持、技术支持、公共关系支持等。餐饮连锁店和区域快递服务网络的连接平台和赋能体系主要构成见图 8-5、图 8-6。

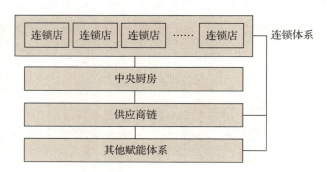

图 8-5 餐饮连锁店的连接平台和赋能体系

图 8-5 中,中央厨房负责在一定区域范围内给各连锁店提供标准化产品半成品及部分成品的加工制作(向各连锁店配送可自行承担,亦可委托第三方承担)。它有利于保证店面菜式的质量,降低菜式成本,提高整个区域连锁体系的运作效率。供应链是支持

中央厨房和连锁店的物料采购供给系统，是从农田（生产基地）到中央厨房及店面的价值链。

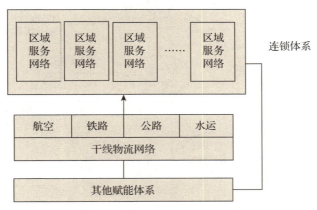

图 8-6　区域快递服务网络的赋能体系

图 8-6 中，干线物流网络是跨区域、长距离的干线运输体系，包括航空、铁路、公路、水运多种运输形态以及线路、运输工具、仓库等要素。顺丰快递长距离、跨城市运输以航空货机为主，目前已拥有 60 多架全货机，成为全国第二大货运企业，同时在全国若干个航空枢纽设有自动化、智能化的分拣中心。目前，顺丰正在湖北省鄂州市建设顺丰货运机场，建成后它将成为全球第四个、亚洲第一个专用货运机场。

连锁复制模式如果没有强大的连接平台和体系，就不会产生资源整合共享效应和连锁体系的网络效应。与餐饮、酒店等产业相比，快递企业区域服务网络之间的连接、互动更加频繁，更加紧密，因此网络效应也更加强烈。顺丰快递以快速、安全为核心的整体战法设计，具有很强的内在统一性、关联性和正反馈性，形成"速度—流量"循环的飞轮（见图 8-7），几乎可以与美国西南航空的案例相媲美。

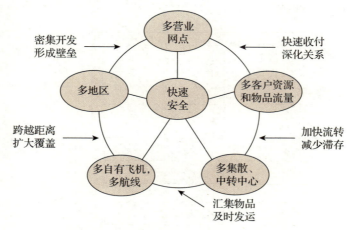

图 8-7　快递企业"速度—流量"循环飞轮

互联网顾客流量飞轮

提起互联网消费服务（to C）战法，人们一定会想到亚马逊电子商务业务发展的飞轮效应（见图 8-8）[一]。淘宝、天猫、京东、拼多多、美团、携程等电子商务企业的成长逻辑与亚马逊几乎相同，但具体路径以及飞轮上的环节（模块）有所差异。

图 8-8 的含义是：首先，用低价吸引顾客流量；其次，增加第三方卖方（外部产品提供者）和线上渠道——意味着采取平台型生态模式；最后，通过经营体量、生态规模的扩大，分摊互联网基础设施建设的费用。进一步分析可得出，飞轮具有以下特点：第一，以顾客流量为目标；第二，循环运动需要动力（价格、品种、

[一]　吉姆·柯林斯.飞轮效应：从优秀到卓越的行动指南[M].北京：中信出版集团，2020.

活动、内容等）；第三，存在流量变现的机制和途径，即商业模式成立。所谓飞轮效应，具有两个标志：一是飞轮在运动中扩大半径，即转动时会裹挟越来越多的流量进来；二是飞轮转速即商流、物流、信息流运动速度会加快。下面我们对我国部分互联网消费服务品牌的飞轮战法进行说明。

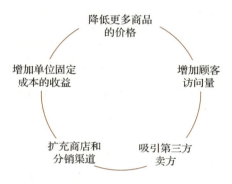

图 8-8　亚马逊电子商务业务发展的飞轮效应

淘宝和天猫都是平台，汇集了海量的买方、卖方以及其他相关方，具有超过竞争者的显著生态效应。但由于我国中小企业、小微企业、个体经营者为数众多，因此，生态中供方适者生存的竞争十分激烈。有些大品牌成为生态中的超级合作者，有利于平台运营方和买方，却未必有利于自身。在生态中受益的除了买方，还有一些线下渠道无法展示的长尾产品提供方。生态的丰富性和流量的规模性，使数据有了统计意义，这有利于平台提供者调控生态秩序（规则）、影响生态演变；同时，数据流的颗粒度较小，为精准引流、流量变现创造了条件。数据规模足够大，为算法迭代和创新——相应地改善顾客体验，提高营运效率——提供了基础。基于卖方、买方的结构和特征，淘宝、天猫开发和运作了多种顾客互动活动

（如双十一）及媒介（如直播），产生了巨大的引流效应。此外，完善的支付服务和物流服务，使顾客购买链形成闭环，有利于增强顾客黏性，提高顾客满意度。

淘宝、天猫作为生态经营者，在生态体系中，有较大的话语权，也有多样化的收入来源。供给侧的中小、小微企业及个体经营者依赖于平台流量，进进出出，枯荣交替，为生态贡献着动态丰富性。未来真正对生态产生影响的是自身拥有注意力资源（大小不等）的品牌。它们不仅不会完全依赖于平台流量——代价大，不能自主掌控，而且会尽量避免因线上同类产品低价销售而影响线下渠道的利益。如何和这些品牌相融共生是生态经营者未来需解决的问题。

京东与淘宝、天猫的区别在于，自营比重较大且物流服务出色。总的来说，京东对淘宝和天猫不会构成模式上的冲击。目前，淘宝真正的对手是拼多多。后者定位于更加广阔的目标市场，补贴政策更加强劲，价格竞争力以及团购、社交式购买的动员力度更大。它是简化版的淘宝，飞轮上的环节虽少（"低价—团购—流量"），但精准、有力。

美团崛起于生活服务和餐饮领域。和"价格—流量"型飞轮不同，它最初的商业模式是团购，后来演变成各类服务商与顾客交互平台，现在则以订餐配送为特色。由于美团把控了外卖配送这一和顾客直接接触的终端环节，因此在垂直业态上具有话语权和控制力。它有点像淘宝（电商），也有点像京东（物流）和顺丰（快递），只是商品及服务的门类较为集中。但由于生活服务需求规模巨大，美团商业模式较重（体量庞大）、较硬（不可或缺），因此具有广阔的前景。主要问题在于运营成本高，对平台上的餐饮供应商利益有所挤压，有可能影响生态体系的繁荣。

在所有互联网消费服务企业中，腾讯（微信）竞争壁垒最为坚固。基于通信平台的微信流量具有一定的结构性（自然垄断）优势，其应用有广阔的想象空间。微信"功能（应用）—流量"之轮，虽然转得似乎不是很快、很急，但扎实有力。对微信可能有所影响的是抖音。作为生态化的创意平台，其内容丰富、生动，以原创为广大用户所喜闻乐见。通过特定的算法（分析用户特征、视频内容特征及其流行程度预测，将三者进行匹配），实现个性化精准推荐，从而增加用户依赖程度及黏性。同时，抖音带货可能是门槛最低的移动互联网销售模式了。"内容—应用—流量"的飞轮效应，将给抖音带来什么，我们不妨拭目以待。

互联网飞轮效应，可以卷起千堆雪（带动更多流量），可以惊涛拍岸（以流量影响、冲击相关利益者），但是，流量虽是经营的目标却并非它的根本目的。持续运动的飞轮，存在的理由和意义在于创造顾客价值并获取收益。这也意味着飞轮获取流量的手段和流量变现的途径之间应该存在关联，需有商业逻辑和可行的商业模式。电子商务平台以低价吸引流量，可以带来更多频次、更大数量的购买（不断刺激顾客，使顾客形成购买习惯）；短视频作为一种内容的产品形态、用户互动的界面，在其生成机制（自创）作用下，天生就有分布式媒介和零售渠道属性。瑞幸咖啡花费了巨额的价格补贴，为什么没有让飞轮转起来？撇开经营理念、管理能力等主观因素，从客观角度看，一方面是因为潜在流量规模不够大（总的来说，中国人喝咖啡的并不多），消费频次不高；另一方面，即使获取了流量，咖啡供应者的定位（铺天盖地的广告是这么宣传的，实体店也要给人这样的感觉）限制了流量变现的多样性。换言之，飞轮没有形成闭环。而滴滴则不同，海量的需求和海量的供给（社会车辆和司机），可以使飞轮直径扩大（用户规模增加）、转速加快（使用频率增加）。

在互联网消费服务市场结构寡头化的情形下，哪些领域还有异军突起的机会？还能不能找到飞轮式战法？笔者认为，未来的机会主要在垂直性的专业领域，如教育、医疗、健康、养老、文化、旅游等。成功的关键要素以及竞争焦点已经不是顾客流量规模，而是顾客黏度和交互深度。飞轮效应不再是同心圆放大（流量规模扩张），而是半径基本相同的前提下的螺旋式深掘——深度服务和顾客满意度之间相互增强。也就是说，服务商在专业领域服务越深入，顾客满意度越高；而随着顾客满意度以及与之相关的服务期望提高，服务商的服务也会不断改进、优化。这样循环下去，服务商就会进入超越竞争的境界。未来互联网垂直服务商要么栖身于能够引流的互联网平台，要么在广阔的互联网空间内独立发展。

互联网消费服务领域飞轮效应的第一动力是资本。没有巨额资本，就不会有持续的价格补贴，飞轮也就不会转动起来。从本质上说，这是金融资本借助互联网技术和新的商业模式，利用资本市场对顾客流量、数字资产的估值机制，对消费服务产业数字资产价值的分享。

第三篇

企业发展模式

第九章

生态化扩张

业务扩张的方向和途径

扩张,是企业的本能和本质冲动,正如生物体的基因复制。它不仅表现为业绩增长、经营体量和规模的扩大,也表现为涉及领域边界的延伸和**生态位**⊖的扩展。对具有远大抱负和战略意图的企业家来说,扩张是其生命意志的体现;而对大部分组织成员来说,扩张是其获取机会和利益的前提,因而也是他们的集体追求。当然,也有一些企业无扩张冲动,持小富即安的心态,或者满足于已有的细分领域的地位(或已成为隐形冠军)。但在当前不确定的时代,即便是隐形冠军也不可能长期守住市场领先地位,久而久之,这些企业都会被淘汰。可以说,扩张是生存环境对企业进

⊖ 相关说明见本书第178页。

化的要求，是企业进化的必由之路。

关于扩张的方向和途径，迄今为止最有参考价值的模型是安索夫"产品—市场矩阵"（见图9-1）。○一

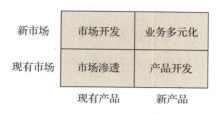

图9-1 安索夫"产品—市场矩阵"

市场渗透是指通过让现有顾客更多地购买、使用以及提高市场份额来扩张；市场开发是指拓展现有产品的市场范围，主要包括市场空间范围（区域）以及目标人群范围、使用场景范围（这有扩大市场定位的意味）。产品开发是指面向现有顾客开发新产品，作为现有产品的补充和替代。这一扩张路径已有一定的业务多元化成分。如果补充性产品逐渐和现有产品"并驾齐驱"，甚至在销售规模上超过现有产品，或替代性产品在形态、结构以及延伸价值等方面和现有产品有较大差异，则可将产品开发理解为新业务开发。业务多元化，是指通过扩充企业经营活动的边界或进入新的业务领域形成多个业务并存的组合结构。在企业实践中，产品开发和业务多元化存在交集。

下面我们以一个案例说明企业扩张的方式和途径。

某中小学生校服供应商经过多年耕耘，在其所在省内已进入不少学校，有了一定的市场基础。为了扩大销售实现增长，这家

○一 夏清华.企业成长相对论[M].北京：中国社会科学出版社，2014：67.

企业做了以下几件事。第一，将校服产品时尚化，使之适合生活休闲场景，使每个学生的购买套数增加；同时，当存在多个供应商竞争时，尽可能通过产品性价比赢得更多的市场份额（市场渗透）。第二，从省内走向省外，将商业模式复制至全国，同时在省外几个片区开拓市场（市场开发）。第三，面对学生消费者，除提供校服，还提供书包等产品，作为校服的补充（产品开发）。第四，基于和有关学校的客情关系，为学校超市、食堂提供部分产品（如牛奶、瓶装水、方便面、火腿肠等食品）的采购配送服务（业务多元化）。

与业务多元化相关的问题

对于市场渗透、市场开发、产品开发，这里我们就不多分析讨论了。它们往往不属于战略层面，不大可能引发企业组织的重大结构性变化。我们主要讨论业务多元化这一扩张途径。相关问题主要有以下三个。

1. 回归核心业务还是扩大业务边界

这个问题也就是要不要进行业务多元化。若干年前，王石时代的万科（地产）曾经砍掉很多枝枝蔓蔓的业务，主张做减法。万科拥有今天在地产领域的产业地位与其回归核心业务（简称"归核"）战略有关。但也有在成长之初就做了多元化布局，目前已在多个家电产品领域领先的企业帝国，如美的集团。由此看来，无论聚焦一条业务主航道还是多条主航道，企业都有可能持续增长，并且都有可能成为卓越企业。任何企业的业务组合战略都要视其组织能力和文化、企业家个性、成长阶段以及现有主业所在产业和市场的特征、竞争结构、竞争态势等因素而定。曾经，地产市场容量巨大且产业集中度低、竞争不充分，存在快速成长的机会，万科基于当时自身能力做出归核选择，符合依托核心业务成长的战略逻辑。而家电产业内部品类繁多、更迭迅速（不时有新品类、新品种出现），近几十年来市场容量持续放大。改革开放之后，美的集团在不太长的时间内先后进入电风扇、电饭煲、电热器、家用空调等领域，这体现了机会导向的战略思维。

归核和多元化，体现了企业进化的两种方向（见图9-2）：它们各有成功典范，也各有失败案例——从战略角度看，不分高低优劣。

图 9-2　企业进化的方向

2. 何时开始多元化

这个问题即如何把握多元化扩张的时机。从长期看，只要是有进化动机的企业，终究会进入业务多元化发展阶段，但什么时候开始打开战略局面并形成多元业务结构是有很大弹性的。一般而言，多元成长就是企业从无到有、从小到大成长过程中的第四阶段——分蘖①成长（见图9-3）。②

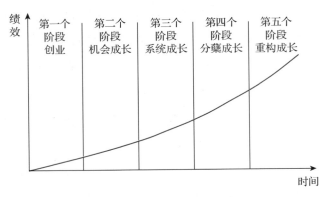

图9-3　企业成长阶段划分

如图9-3所示，企业成长阶段划分告诉我们：只有经过主营业务的系统成长（依托组织整体系统能力成长）阶段，具备一定的能力基础后，企业才能开始业务多元化扩张。这里隐含的一个前提是：企业业务扩张的边界取决于企业能力的边界。许多民营企业从依赖外部市场机会的机会成长阶段直接进入分蘖成长阶段，未经过系统成长阶段，导致新业务发育不良——主要原因是缺乏赋能基础和要素（如管理体系、企业家人才等）。现实中也存在另一种现象：一些企业长期未能拉升第二曲线（主营业务之外的新业务），当主营业务增长乏力以及下降时，发展后劲不足，进化过程受阻。

企业业务多元化扩张的时机与外部环境中的收购兼并机会有关，往往有这样的情形：企业外部有关产业忽然出现了较好的收购兼并目标，企业抓住了稍纵即逝的机会，成功实现收购兼并，从而进入了新的产业领域。

---

① 分蘖是指植物在根部生长出分枝。
② 施炜，苗兆光. 企业成长导航[M]. 北京：机械工业出版社，2019：Ⅳ.

3. 多元化扩张有哪些途径

在互联网时代到来之前,传统企业战略理论对如何构建新业务结构、如何实现业务多元化研究较少。业务多元化扩张途径如图 9-4 所示。

图 9-4 多元化扩张途径

先来看看相关多元化。所谓"相关",是指多个业务之间存在关联,具有共生的基础和平台。其中,横向相关多元化指在现有业务的基础上向左右两侧进行业务延伸,新业务和原有业务在各自产业链上基本属于同一层次(如同属于消费品)。比如,原来做空调的企业,开始做冰箱;原来做手机耳机的企业,开始做手机摄像头;原来拍电影的企业,开始做话剧……相关因素主要有顾客、渠道、技术、品牌等。

纵向相关多元化是指基于现有业务,在产业链的垂直方向上进行延伸,比如向产业链下游延伸(向前整合)。饲料企业开始进入养猪业,养猪企业去做火腿肠,这是向下游延伸。饲料企业去种玉米,这是向上游延伸。在电子产业链(通常表现为微笑曲线)上,企业从现有位置出发涉足上游、下游的实例很多,如:TCL 集团从彩电领域溯源而上进入液晶面板显示领域;立讯精密在生产多种智能终端(如手机等)零部件的基础上,准备介入下游整机组装环节。

相关多元化中的同心相关多元化主要是指基于现有主营业务（产品品类）的技术、工艺，扩充技术、工艺相近的产品品类。例如，生产油轮的企业同时制造军舰，生产农业机械的企业同时制造环保机械。随着互联网发展，以内容及创意IP（Intellectual Property，知识产权）为内核衍生多种产品品类及服务品类，被视作同心相关多元化的新形态。

无关多元化是指企业业务组合中各业务之间没有联系和连接纽带，缺少共生的基础和平台。如果把企业的业务比作大树，无关多元化意味着每棵大树都孤立地生长着，没有扎根于共同的土壤。例如，原来从事木材加工的企业进入通信设备领域，以农药为主营业务的企业涉足汽车发动机领域。实际上，从相关到不相关，中间可以分为多个层次：强相关、较强的相关、弱相关……一直到完全不相关。

"无关业务"的选择，主要依据企业对未来战略机会的判断。不能说"无关业务"与企业现有的资源禀赋、核心能力、管理基础毫无关系，但联系是间接和隐性的。3M公司涉及化工、电子、电气、通信、医疗、教育、建筑等数十个大的产业，其众多业务之间底层连接的纽带是企业文化和企业家精神。

无关多元化，通常发生在企业战略转型的背景之下。也就是说，企业力求通过进入与现有业务无关的领域实现战略转型。美的集团花巨资收购了德国机器人企业库卡（KUKA），但家电业务和机器人业务，不能说完全无关，因为拥有机器人产品和技术对提升冰箱、空调、洗衣机等产品制造效率具有一定帮助作用。但是，美的集团这一举措，主要目的在于拓展新的成长空间，试图在智能装备这样更具成长想象的领域内有所作为。雅克科技（化工）位于江苏省宜兴市，成立于1997年，在很长时间内，主要生产阻燃剂产品。2016年以来，它通过连续收购兼并进入半导体材料领域——相关业务涉及半导体前驱体材料/旋涂绝缘介质（SOD）、电子特种气体、半导体材料输送系统（LDS）、光刻胶以及球型硅微粉等，成功实现战略转型。

需要指出的是，通过分布式组织形态和自组织机制（员工内部创业）将业务触角伸向多元（无关或相关）领域（有人称之为裂变创新），不属于多元化扩张。撇开相关多元化不论，无关多元化并不意味着战略试错或随机选择，而是有确定的方向和路线的。

企业生态化业务体系

在互联网数字化时代，企业如何进行业务扩张，是一个新的战略课题。本章"业务扩张的方向和途径"一节所介绍的多元化分类是工业时代企业扩张典型实践的总结，对大多数企业而言，至今仍有指导意义。但面向未来，能否对企业业务扩张提出一些新的理念和方法呢？有的学者认为，应"超越行业"，在生态空间内从领域（宽度，即企业涉足的业务范围）、位域（深度，即企业实现数字化的深度）、时域（长度，即企业能跨越的非连续性变化的时间长度）三个维度思考企业业务扩张的方向。⊖近年来，亚马逊

⊖ 陈春花，廖建文. 重新认知行业——数字化时代的生存空间[J]. 哈佛商业评论，2000（2）.

（电子商务、云服务）、阿里（电子商务、云服务）、小米（电子、互联网）、华为（通信、电子、云服务）等企业在业务扩张上显现出新的逻辑和途径。这些企业业务范围越来越广阔，业务结构越来越复杂，其令人眼花缭乱的扩张动作背后有了生态化的特征。

所谓生态，原意指自然界生物与环境构成的统一整体。从系统视角看，地球上的生态（不包括海洋生态）包括以下要素。

第一，土地，即主要指土壤。它富有养分，是培养各类生物的基础。第二，生物，即土地上生长出来的万物。它们彼此制约和竞争，构成了生物链。第三，阳光、雨露，也包括温度、气流等因素，可以概括为"天"或"云"。对土地和生物来说，这是来自外部的能量。第四，关系。土地与生物之间，生物与生物之间，阳光、雨露与土地、生物之间，阳光、雨露内部各要素之间，存在信息和能量的交换，它们彼此循环式交互。在各个要素网络状的交互过程中，生态具有"平衡—不平衡—平衡"的自组织功能。

将生态概念应用到企业进化语境，生态化扩张就是旨在构建相互关联的企业业务生态体系（见图9-5）。

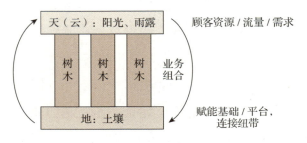

图 9-5　企业业务生态体系

树木（生物）生长于共同的土地之上。土地给予树木营养、关怀，起赋能作用，是企业多元业务的基础和平台，是各业务之间的连接纽带。土地包括多种形态和类型，如品牌、技术、渠道资源、顾客流量（资源）、内容及创意IP等。它们和横向相关多元化中的"相关"要素基本相同。土地上生长出了许多树木（业务），它们从阳光、雨露（顾客资源/流量/需求）汲取能量（顾客是企业业务生态体系一切能量的来源）。在业务生态体系中，土地（平台）为树木提供养分（资源支持、赋能服务）；树木回馈给土地各种营养（能够增强平台能力的各种信息、知识、经验和资源）；每种树木都将自己获取的阳光、雨露与其他树木共享；树木之间彼此扶持，相互增强……

将企业业务生态体系动态化（生态如何生成和发展），可以概括出生态化扩张的主要特征。

第一，生态化扩张存在特定的平台和基础。这意味着扩张会受条件的制约，同时也意味着扩张依循相关原则。平台、基础是企业拥有的特定资源和能力。从逻辑上说，只有先形成土地，才能生长出树木。反过来，树木因含蓄水分能为土地注入营养。企业通过这种方式扩张经营领域，风险较低，成功概率较大。平台和基础包括多种类型（见表9-1），也包括多个层次（复合平台）。平台/基础因素影响面越广、作用程度越大、优势越显著、层次越丰富，企业业务拓展的空间就越大。换句话说，多元化业务的共生基础使能力度是生态化扩张边界确定的重要依据。

第二，生态化扩张以顾客需求为牵引——既是能力基础型，又是机会（需求）导向型。万物生长朝着太阳，江河湖泊期待雨水——生态化扩张的过程，是不断寻找、发现、激发新需求的过程。生态化扩张时,"天"(机会)和"地"(能力)之间存在互动。能力拓展机会,机会反哺能力,这使得企业能力边界外移、业务选择空间延伸。

第三,生态化扩张时,某一(些)树木(业务)可以转变为土地(平台)。如果某一(些)业务发展起来之后,能够持续带来顾客流量,能够为其他业务提供服务和赋能支持,那么它(们)就有可能成为生态化业务扩张模式中的平台和基础。

第四,生态化扩张具有开放性,可以整合利用外部一切所需资源。生态化扩张模式下,企业资源、能力平台和基础的组织边界在一定程度上被打破了——许多资源、能力要素既是外部的又是内部的,这就大大减少了企业资源能力对业务扩张的制约。

第五,生态化扩张是多个要素、环节相关联的结构性扩张。由于多个要素、环节之间存在循环和增强机制,因此扩张具有自动性、自发性和自组织性。换个角度看,生态化扩张是基于多业务组合的一种商业模式(通常情况下,商业模式是就某特定业务而言的。与多元化业务相关的商业模式属于更高层次)。

第六,生态化扩张可以在多个方向上展开和进行。它涵盖了横向、纵向、同心多种相关多元化形态。更准确地说,它是对传统业务多元化模型的整合和超越。当业务延伸到一定领域和位置时,以新的业务为基础,可以再次进行多方向延伸,如此这样扩张下去,可以形成和构造多个纵横交错的业务生态(业务团簇)。

第七,生态化扩张时,新业务的开拓、发展除了有内生培育、外部收购兼并等方式,还有一种方式是将企业拥有的技术以及其他知识产权嵌入其他企业的相关业务中。

第八，生态化扩张依赖巨大的资本以及高素质的人力资源。在资源助力下，这种扩张模式具有马太效应，有利于企业在较短的时间内成为"寡头"，同时有利于企业在更加广阔的空间内发展。

需要指出的是，许多企业的业务扩张模式未必符合上面的全部特征，可能只符合其中的部分特征。这说明生态化扩张有不同的层次和含量。我们概括出企业生态化扩张的主要类型，如表9-1所示。

表9-1　生态化扩张的主要类型

类　型	扩张平台和基础/连接纽带	扩张方式和途径
要素型	品牌（顾客认知资源）	同一品牌下产品/服务品类延伸
	渠道网络（渠道资源）	同一渠道网络上的产品/服务品类叠加
	技术（平台型技术资源）	基于技术应用多元化的业务多元化
	内容IP（内容及创意IP）	以内容IP为内核的产品/服务品类衍生
	数据资产（多种来源的大数据）	基于数据应用多元化的业务多元化
	管理体系（流程体系、管理信息系统、管理技术、管理机制等）	同一管理平台上的业务多元化
顾客型	顾客流量（社交网络、电子商务、内容服务流量）	流量基础的服务复合化以及变现多样化
	顾客资源（同一顾客群、核心顾客）	围绕顾客多样化需求的业务多元化
	顾客价值链（顾客动线、顾客旅程）	按照顾客价值实现过程衍生的产品/服务品类
垂直型	产业链上的技术标准以及产业链末端的顾客需求定义	产业链上两个方向的纵向延伸
复合型	多种扩张平台和基础；多种扩张类型的结合	多个业务生态的组合；多个业务团簇

需要指出的是，生态化扩张模式和人们常说的生态化平台模式不是一个意思。后者主要是指建立平台，吸引第三方合作者在平台上自主经营，为顾客提供产品或服务。而生态化扩张模式所

关注的，是企业自有业务的扩张逻辑和路线。

要素型生态化扩张

要素型生态化扩张，以某一种（类）要素为平台和基础，其形态好比是大地上长起一片森林。下面我们分项说明。

1. 以品牌为基础的业务多元化

品牌延伸是以顾客注意力资源和认知资源为基础的业务扩张。之所以称为品牌延伸，是因为这种扩张的基本逻辑是将品牌灯塔的光芒照射到更多领域。企业通过某类产品/服务或某项业务使品牌增值（具备一定影响力）之后，在同一品牌下增加产品/服务品类并实现品牌资源共享，这是"多"（同一品牌辐射多个产品、服务品类及业务）、"快"（业务拓展速度较快）、"好"（操作简单，容易成功）、"省"（投入较小）的扩张之路。

品牌延伸策略主要是针对消费品和消费类服务而言的。在中间工业品领域，也有企业将多品类产品冠以同一品牌，但这未必属于品牌延伸。因为其产品品类的增加，不一定以顾客认知为基础。

撇开其他因素不论，仅就品牌因素而言，企业业务宽度和范围取决于两点。一是品牌灯塔的高度，它决定了品牌之光的照射范围。品牌灯塔越高，意味着品牌概念越抽象，品牌辐射面积越大。任何品牌都有特定的指向（与哪些品类相关联），有的较宽（品牌概念较抽象），有的较窄（品牌概念较具体），这取决于企业塑造品牌时的策略。对消费者而言，可接受的品牌跨度（产品和服务品类宽度)是很大的——随着跨界品牌增多,似乎越来越大。美的品牌对应于"生活家电"和"白色家电"品类,这种定位为业务扩张预留了足够的空间,消费者亦无认知障碍。二是品牌灯塔的亮度,即品牌内涵、创意、个性等的吸引力和影响力。它决定了消费者品牌认知的强度(对品牌要素的记忆程度,对品牌的理解程度和喜好程度等)。品牌亮度与企业投入有关,品牌中的资源密度越大,品牌亮度越大。比如,在快速成长过程中,美的集团在品牌投入上一直保持着较大的力度(可以用投入总量、央视广告招标中的同业排名等来衡量),这使得在消费者心目中,美的是一个强有力的、值得信任的大品牌——这对于美的品牌的延伸至关重要。

2. 以渠道为基础的业务多元化

在同一渠道网络平台上叠加产品(服务)品类及业务,是消费品企业以及供应链企业常见的业务扩张方式,它和品牌延伸常常同时发生。许多企业成长之初,往往经营单一品类产品/服务及业务,当渠道网络(主要指线下零售网络)具有一定的广度(覆盖空间)、深度(渗透区域的层次)和密度(一定区域内的零售终端数量)时,则会增加产品/服务品类。康师傅、统一、娃哈哈、农夫山泉、立白等企业/品牌就是沿着这一路径发展起来的。

新品类基于渠道而生,而品类增多又可以增加渠道资源的占有,增强对渠道网络的影响力和控制力。随着产品/服务品类增加,企业从渠道伙伴那儿获得的各种资源和支持(如流量、信息、营销位置、媒体资源等)也会增多,这反过来又成为企业增加产品/服务品类的动力。换言之,以渠道网络为基础的扩张具有内在的增强机制。

同一渠道网络产品/服务品类及业务叠加是有边界的。如果企业的渠道网络是垂直可控的，即零售网络以自营、加盟为主要形态，那么产品/服务品类及业务宽度在不考虑企业资源、能力的情形下，主要取决于消费者对零售渠道和产品/服务品类之间关联的认知。通俗地说，即消费者认为哪些产品/服务品类集合于同一渠道空间是合适的——这与顾客所处的信息环境、所接受的知识熏陶以及长期形成的认知习惯有关。目前，在一定的生活方式定义和审美风格基础上，某些产品/服务、渠道一体化的品牌既是产品/服务品牌也是渠道品牌，如宜家（家居）、无印良品（生活用品）等，其产品/服务品类有较大的跨度。对这些品牌而言，产品/服务品类及业务扩张存在三重平台和基础（见图9-6）。

图9-6　产品/服务品类及业务扩张的三重平台和基础

如果企业面对的渠道网络是非垂直可控的外部平台型，那么品类/业务宽度取决于企业渠道管理能力以及与渠道合作时的话语权。从博弈角度看，一般情形下，外部渠道会控制某个企业全部产品品类的销售份额以及货架面积比例，使之与供应链各企业/品牌之间保持一定的平衡。对上游企业而言，只有通过精细化管理，深化与渠道的关系，尽可能在渠道有限的空间内挤进更多的品类及品种。这也是深度分销的应有之义。

3. 以技术为基础的业务多元化

平台性技术通常具有多种应用方向，每一种应用方向，都有可能发展成为一个业务类别。基于技术多样化应用形成多元业务结构，是许多科技型企业业务扩张的主要途径。例如，人工智能技术可应用于人脸认证、语言识别、图像分类多个领域，拥有人工智能技术的企业可以拓展智慧城市、生命健康、无人驾驶等多项业务。又如，红外线技术应用范围较为广泛，企业以其为基础，可以进入通信、医疗、探测多个领域。再如，在生物技术中，酶被称为一种特殊的"芯片"，蔚蓝生物是我国酶技术以及酶制剂开发制造的领先企业之一，近年来在原有饲料添加酶制剂品类基础上逐步开拓了纺织酶制剂、食品酶制剂等新品类。

按技术相关性延伸业务时，技术越具平台属性，技术越底层，业务多样化选择的空间就越宽阔。在云计算时代，拥有了底层计算技术，几乎具备了进入所有领域的可能。这从一个侧面证明基础科学研究的重要性，证明了人力资本、知识资本的重要性。对某些技术真正领先的企业而言，技术平台包含多个层次（见图9-7）。

图9-7 多层次技术平台

平台技术多元化应用可以通过将技术嵌入其他企业相关业务中的方式实现，这既是一种利用 IP 获取收益的商业模式，也是企业业务扩张的间接途径。

4. 以内容 IP 为基础的业务多元化

内容 IP 是已经进入消费者心智、符号化的知识及创意成果，属于文化资源的范畴。从形态上看，它可以是传播久远的故事、传说、诗词，也可以是具有巨大影响力的当代文艺作品；它可以是人们喜闻乐见的形象符号，也可以是各类设计成果……和品牌有些类似，它们凝聚了消费者的认知，也是一种认知资源。

任何内容 IP 甫一面世，都有特定的载体，如动漫、游戏、图书、戏剧、电影以及物品等。将内容 IP 的内核——基本要素（情节、结构、旋律、符号、造型等）从特定载体中抽离出来，移植或嵌入其他多种产品／服务形态以及体验场景之中，实现文化资源和认知资源共享，是文化创意类企业业务扩张的重要模式。迪士尼是这种扩张模式的典范。在互联网背景下，当电脑、手机游戏成为社会主流娱乐方式以及一些互联网服务企业获取收益的主要途径，内容 IP 的战略意义更为重大。

目前，一些内容 IP 移植的跨度往往超出了人们的想象。海尔集团旗下卡萨帝（家电）品牌的冰箱、洗衣机、空调器等产品中，有了保时捷汽车的设计元素；一个可爱的小猫符号（Hello Kitty，凯蒂猫）出现在玩具、食品、服装、童车、拉杆箱、家居用品等多种产品形态上面。内容 IP 移植的边界主要取决于两点。一是内容 IP 的影响力（传播范围，消费者的喜爱、认同、迷恋程度，在受众心智中的稳固程度，等等）。内容 IP 中凝聚的精神、文化、审美密度越大，其影响就越广泛而深远。二是内容 IP 本身形式上的普适程度，即内容 IP 所能匹配的载体的宽度。不同的内容 IP，有不同的载体与之匹配。总的来说，内容 IP 越抽象，适用范围就越广泛。

5. 以数据资产为基础的业务多元化

如果企业积累了大量的信息、数据并能动态地补充调整，那么就有可能以数据资产（数据资源）为基础拓展多种业务。例如，某大数据信息机构掌握了我国众多企业信息（包括企业资产及经营、团队状况等），然后以此为依托陆续拓展了投资业务、管理咨询业务、管理软件 SaaS 服务业务以及管理教育业务。在产业互联网领域，一些提供产业相关信息（如价格信息）服务的企业，开始进入金融、媒体等领域。

6. 以管理体系为基础的业务多元化

管理体系可以视作一种特殊的技术，主要包括企业价值创造的流程体系，组织架构及其管理体制、机制设计，管理信息系统及管理工具等。在任正非看来，良好的管理体系是企业的核心竞争力，它像一个坚实的跑道，可以起飞多种型号的飞机（业务多元化）。目前，许多企业在看似不相关的领域内寻找机会，用传统的眼光看，这种尝试的风险及失败概率较大，但如果基于完善的管理体系平台，无关多元化则可变成相关和生态多元化。换言之，正因为有了管理体系，企业业务拓展的空间放大了。华为、小米等企业的扩张实践都证明了这一点。目前,许多企业业务扩张的主要方式是收购兼并,使其成功的关键要素就是管理体系。

顾客型生态化扩张

顾客型生态化扩张,可以被视作以顾客流量、资源、价值链为平台和基础的业务多元化,也可以被视作以顾客为内核和中心的同心业务多元化,主要包括以下几个类型。

1. 以顾客流量为基础的业务多元化

这里的顾客指最终消费者。天猫、淘宝、京东等电子商务平台,微信等通信、社交服务平台,抖音等内容、社交服务平台,均吸纳、积蓄了巨大的顾客流量以及数据。亚马逊飞轮效应(参见第八章)揭示了这些企业顾客流量生成、积聚和放大的机理。这些企业的业务扩张和服务多元是叠加在一起的,即飞轮上不断增加的辐条(服务项目)演变成独立的业务(见图9-8)。

图 9-8　平台型互联网企业业务延伸示意

互联网平台型企业的扩张模式和商业模式除了具有飞轮效应,还有一个重要的增强机制是天上的"云"变成地上的"雨",即通过特定的服务、互联网技术以及其他与顾客交互的途径将外部顾客（或公域流量）变成顾客数据资产（或私域流量）。顾客数据资产是顾客需求、特征的投射和介质，同时是企业资源、能力的重要组成部分，其规模的增长、复杂度的提高、应用范围的扩大能够推动和促进计算能力提升、互联网技术发展以及相关互联网基础设施建设——后者又能增强企业的顾客数据生成、吸纳和处理能力。

2. 围绕顾客多样化需求的业务多元化

这里的顾客既包括同一顾客群，也包括单一顾客；既包括最终消费者，也包括机构客户。这种扩张模式和本节所讲的第一种扩张模式不同，主要适用于没有机会成为平台的 to C（面向终端消费者）企业以及几乎所有的 to B（面向机构客户）企业。

无论 to C 还是 to B，企业均可围绕顾客多样化需求进行业务组合。某信用卡服务机构经过多年经营，积累了数以千万计的优质白金卡、金卡顾客资源，当它有了可控的、边界清晰的自有流量，一系列创新的业务（如电子商务、生活旅游服务、投资理财服务等）就都开展起来了。某医药分销企业长期向医院配送分销药品，与许多医院建立了良好的合作关系，在此基础上，该企业逐渐拓展了医院药房托管、医生手术包清理、医疗耗材供给等业务。很显然，这种扩张模式下的业务边界，一方面取决于顾客的需求结构，另一方面取决于企业的资源、能力以及各项业务的专业化程度。

面向机构客户（to B）提供多元服务、延展多元业务，往往与产业互联网相关。企业的基本做法是：基于与顾客相互联通的信息系统以及与顾客交往中的数据积累，发现和理解顾客的多样需求，提供多类产品和服务，如提供面向海量中小企业的软件服务（如SaaS）、知识服务、金融服务等。由于供给方和需求方边界模糊（相互融合），供给方获得的数据真实、准确、鲜活，因此在数据的支持下，随着理解顾客能力的提升，供给方的业务范围有可能逐渐扩大；同时，同心圆放大（业务边界外移）会使数据体量扩大。例如，上海钢联是一家线上钢铁交易平台，最初提供交易撮合服务，随着会员规模增加，逐渐增加了金融服务和信息服务业务——这些业务又会带来更多数据，为下一步的业务延伸创造条件。

3. 基于顾客旅程的业务多元化

这种扩张模式多发生于面向最终消费者（to C）的服务领域：顾客若欲获得某种服务（实现价值）则需经历一个多环节的过程（顾客价值链）。这个过程也可以被称作顾客旅程。针对顾客价值链的每个环节，或者按照顾客实现价值的行为逻辑和轨迹（顾客旅程）提供相关服务，可以形成多元服务结构以及业务结构。目前，由于顾客旅程（动线）往往贯穿线上线下多个空间，企业的服务结构通常需将线上场景和线下场景打通，方能具有生态空间的"深度"（参见第九章中的"企业生态化业务体系"所介绍的"位域"概念）。

例如，一个汽车消费者的顾客价值链包括搜寻、了解车型等相关信息，参与分享、讨论，参观车展，购买、保养车辆，参加车友活动……企业按图索骥，可以提供线上社区、汽车展览、购买交易、维修保养以及车友社交、汽车体育等多种体验和服务项目。

某些服务的顾客旅程很长、环节很多，某个企业很难全部覆盖，因此部分服务、体验项目需与外部合作伙伴共同完成，而撬动外部资源最主要的因素是顾客数据和流量。换句话说，拥有顾客数据和顾客流量的企业，可以将这种宝贵资源嵌入外部合作伙伴的相关业务中，分享这些业务的收益。由此我们可以得出结论：在顾客旅程的初始环节与顾客交互（可以获取流量和数据）是服务及业务多元化延伸的最关键因素。

垂直型生态化扩张

在产业链垂直方向上进行业务延伸，天然是生态化扩张模式。因为在该方向上，各业务之间存在上下游的供需关系，存在紧密的联系；同时，这些业务均有共同的基础：要么是上游环节的技术标准（如电脑产业链的"微软－英特尔"Wintel联盟，畜禽产业链的曾祖代、祖代、父代品种等），要么是下游产品对顾客价值的定义（如汽车整车的标准决定了其上游零部件的标准）。这也从一个角度说明了产业链上不同位置的价值和优势。

任何产业链都包含多个生产经营及价值创造环节。有的企业选择全产业链（覆盖产业链所有环节或大多数环节）经营模式，这种情形多出现于农牧、有色金属等产业。例如正大集团（农牧）的食品业务链包含了上游的育种（鸡、鸭、猪等）、中游的养殖、下游的食品加工乃至零售等诸多环节。有的企业选择半产业链或局部产业链经营模式（覆盖产业链部分环节），例如双汇集团（食品）不介入养殖，从加工做起，并适度延伸至食品零售业。

企业在纵向产业链上业务分布的跨度，即企业业务的纵向边界，按交易费用经济学的观点，取决于内部一体化（纵向延伸）效率（交易费用）和外部市场化（采取交易方式与上下游相关环节进行合作）效率（交易费用）之间的比较。这是企业纵向（垂直）生态化扩张时应遵循的基本原则。除此之外，企业还需要考虑资源、能力因素以及其他战略变量。下面，我们主要讨论其他战略变量。

1. 主营业务的商业模式

企业在产业链的某个环节（现有主营业务定位）上有一定优势，但这一环节因顾客的交易结构设计（供给方和需求方之间付款方式等交易条件的安排，与彼此的话语权有关）不利于产品／服务附加值的实现，必须进入相应的业务环节——上游或下游（通常是下游）。例如，某建材生产企业开发出具有显著价值优势的产品，但由于自身无法直接接触顾客（这是由其在产业链上的位置决定的），产品信息不能有效地传递给顾客，加之定价权掌握在下游装修（设计）环节，产品销售收入及利润均受负面影响。为了改变这种局面，这家企业组建直接面向顾客的装修机构和团队，进入了装修产业。再以我国农牧巨头温氏集团（养殖、食品）为例，其提供给市场的商品猪品种优良，经过屠宰分割后，肉品单价高于普通品种。品种优良体现在猪生命周期的多种形态中，如种猪、猪苗、肥猪等，温氏集团完全可以通过出售种猪、猪苗来赚钱（这么做的企业很多），但它把品种上的独特价值转移到养殖环节去了，转移到肥猪这个更大的载体上去了。这样显然经营流量更大、效益更高——育种作为一个独立的业务板块，主要面向内部客户。此外，有些企业之所以从现有业务向上游或下游环节扩张，是为了使现有业务商业模式能够成立。也就是说，若其不进行纵向扩张，主营业务商业模式的逻辑和目的便无法实现。例如，TCL欲达成"速度冲击规模"的战略意图，就必须延伸进入彩电流通（分销/批发）环节，这样才能掌控零售终端，快速变换品种，快节奏进行促销推广，对价格战做出敏捷反应。再如，ZARA的商业模式是"快时尚"，为了实现快速变换产品款式，ZARA采取了和同业企业不同的做法：渗透上游面料印染环节，自产部分核心面料。

2. 多产业链环节的整体优势

企业是否要将产业链上多个环节封闭起来以实现一定程度的纵向一体化，需要视整体成本、效率以及顾客价值优势而定。美的集团（家电）有一个经营习惯：只要进入一个新的业务领域，就同步进入这一业务的上游核心零部件（如空调的压缩机、微波炉的磁控管以及支持多个品类的电机等）领域，这既是为了保证供给安全，也是为了降低供应成本。此外，企业是否进行业务叠加、形成多层业务结构，需要分析其是否有利于形成竞争屏障。显然，如果一个企业在产业链的若干个环节上都有优势，其竞争对手模仿和赶超就困难得多。换个角度看，如果一个企业涉足产业链多个环节但并不全部具有优势，那么它的某些缺少优势的业务（与产业链特定环节相对应）就容易被聚焦于这一环节的专业企业所超越。企业纵向多业务组合中的各项业务若能相互关联和增强（例如服装企业自产面料有利于设计竞争力提升，而设计进步反过来可推动面料升级），则可形成结构性竞争优势。从产业角度看，有一些产业上下游环节关联性强，依循垂直一体化规则，企业不封闭产业链就不会有竞争力。而有些产业（似乎是更多的产业）的分工规则是水平分工——绝大多数企业都只从事产业链上某一个层次的业务，这是产业和市场竞争加剧的产物。企业只有聚焦于产业链的某个环节（或少数环节），才能培育核心能力并确保生存。随着产业链分工的深化，"某一个层次"有可能变得越来越薄（由产业链上层级和环节增加所致），而这会对企业纵向相关扩张产生限制。

3. 产业链上下游相关环节的溢出价值

企业是否在产业链条上进行纵向延伸，除了要着眼于纵向一体化的结构性、整体性定义（多项业务的纵向关联价值），还要考虑产业链上下游相关环节有没有超出现有垂直整合目的的其他价值。从企业角度看，如果产业链某一环节市场空间很大，具有发展前景，可能涉及企业未来新的主营业务的主要领域，那么它对于企业就有战略性溢出价值。除此之外，溢出性价值还包括估值价值（产业链不同环节的资本市场估值不同）、数据价值（产业链上某些环节能够生成、集聚数据资产）、品牌价值（面向消费者的环节有利于塑造品牌）以及科技价值（产业链不同环节的科技含量不同），等等。

换个角度看，企业可以将属于现有业务中的某一（些）具有独立成长价值的价值创造活动以及相关要素分离出来，使之成为独立的业务。这也是纵向扩张的一种路径。这种多元化的逻辑是将企业某一业务分离成纵向多层业务。例如，丰田某些工厂汽车生产过程中的电焊和油漆环节，依托机器人设备已实现自动化、无人化操作，那么它以汽车领域的机器人技术、产品开发制造程序等为基础拓展机器人业务就是顺理成章的事。制造航空发动机的企业，通常需要做叶片（耐高温合金材料）的开发研究。在这一领域积累的技术和经验，则可以支撑此类企业进入相关新材料领域。许多消费品企业都在运营多种形态和入口的互联网官网，官网功能在于与顾客互动以及销售本企业产品。如果将官网平台化，容纳其他经营主体，销售本企业以外的产品，则意味着涉足电子商务。与此相似，研产销全价值链企业可以将研发环节独立出来，使之成为研发服务业务；将某大宗原材料采购环节独立出来，使之成为采购服务以及大宗原材料流通业务；将制造环节独立出来，使之成为制造服务业务。

复合型生态化扩张

复合型生态化扩张，有横向、纵向多个方向以及多种平台（基础），是一种网络状的发展模式。基于这种扩张模式，企业可以形成多个业务组合生态，即多个业务团簇（板块）。每个业务团簇里都包含相互关联的多种业务，而业务团簇之间亦有连接的纽带。

1. 基于电子商务的业务团簇

我们先来看看亚马逊的业务团簇（根据不完全资料描绘），如

图 9-9 所示。

图 9-9　亚马逊的业务团簇

图 9-9 中每个团簇（板块）之间几乎都存在联系，由于过于复杂，这里未将连线一一画出。亚马逊业务扩张的基本逻辑表现为十字图形。横向的扩张轨迹是：扩大电子商务经营品类的边界，完善与电子商务相关的服务，并从线上零售进入线下零售（这与生鲜食品有关）；同时，增加实物产品以外的软性服务品类（电子读物）、游戏、音频视频内容等。纵向扩张的轨迹是：从电子商务领域进入云服务领域，进而进入上游可再生能源领域；从产品交易服务领域进入产品设计制作领域；从配送服务领域进入无人机领域；同时，将人工智能技术应用到智能音响、线上零售、支付和金融等多个领域……支持、赋能这些业务团簇的是顾客数据以及底层的、平台性的计算技术、人工智能技术等。

亚马逊（互联网）的章鱼式扩张模式，不同于韦尔奇时代通用电气（制造、服务）主观意愿式的"数一数二"投资模式，也不同于 3M 集团（制造、服务）长尾产品品类集合模式——既多方向、无边界延伸，又纵横交错、浑然一体。

2. 电子加工企业的纵横业务结构

与亚马逊相似，全球电子产业两大巨头三星、华为也按照复合型生态化扩张模式培育出多个体量巨大、彼此关联的业务团簇；数个主业务（华为的通信管道、消费类电子终端、云服务、芯片等，三星的家电、显示面板、芯片、动力电池等）齐头并进，蔚为可观。它们的扩张有一个共同的特点：横向进入大（容量）市场，纵向整合核心零部件。立讯精密是深圳一家电子零部件制造企业，自2010年在深圳A股市场上市以来，营业规模增长了60多倍，2020年6月时市值达到2700亿元。据不完全统计，这家企业上市后在资本市场上进行了20多次收购兼并，形成既宽又深的产品品类及业务结构。其上市之后业务扩张的基本逻辑和主要特点有以下四点。

第一，以连接器产品为平台，致力于成为"全球领先的连接器及连接组件供应商"。上市前，立讯精密在台式电脑连接器领域已有一定优势；上市之后，其将产品延伸至笔记本电脑、手机及其他终端、汽车、通信基站等领域，同时进行产业链后向整合，进入线缆等环节。对立讯精密而言，连接器产品具有平台功能：通过连接器，进入华为、苹果、宝马等巨头企业的供应链；同时锻造精密制造的基础能力。

第二，布局三大空间。立讯精密的战略视域宽阔，以连接器产品为基础，渗透消费类电子、汽车电子、通信三大领域。在容量巨大的战略空间内，扩充产品品种和品类；同时从零件到模组，依次增加在核心客户供应链上的体量。

第三，围绕核心客户提供解决方案。立讯精密的大部分收入来自苹果系列产品（AirPods、iPhone、Apple Watch）。根据苹果一站式采购要求，立讯精密提供相互关联的光学模组、声学模组、无线模组、无线充电模组等品类产品，同时进入这些模组的上游核心零部件环节。目前，立讯精密已成为苹果（智能终端）的核心供应商，同时也是华为（智能终端）、小米（智能终端）等的合作伙伴。

第四，拓展整机组装业务。立讯精密发展初期，与富士康（制造）有一定的渊源。发展壮大后，它借鉴富士康的经营模式，尝试智能终端产品的整体装配制造——在全球消费类电子产业链中，这一环节容量最大，但竞争强度也最大。立讯精密有可能借此成为世界级的制造平台。

立讯精密的故事告诉我们，企业拥有多业务团簇比固守于细小的产品品类及产业链之内，不仅更有发展前景，而且更能化解电子产品及其零部件快速更新迭代的风险，更具战略弹性。这也说明，复杂的系统、庞大的规模未必不适应变化快、不确定性大的环境。立讯精密的生态化业务组合及战略框架如图9-10所示，其特点是纵横交错："横"表现为市场空间延伸（从一个市场延伸至多个市场）、客户延伸（增加新的战略客户）和产品品类延伸（从A到B再到C）；"纵"表现为某一产品品类从核心零件到重要模组再到整机组装的垂直整合。

立讯精密最大的风险在于营业收入中苹果产品所占的份额过大以及全球电子产业供应链的转移。对立讯精密来说，提高客户结构的均衡性以及实现产能全球化布局是重要的战略任务和课题。

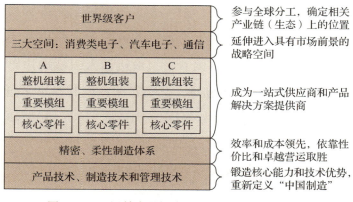

图 9-10 立讯精密的生态化业务组合及战略框架

3. 赋能平台上的品类树林

我们来看看小米复合型生态化扩张的故事。

近年来,小米的发展引人注目:它用 10 年左右的时间,实现了总营业收入(2019 年)超过 2000 亿元。小米进入了一些人们普遍认为没有多少机会或者已经是红海的产业之后,业绩迅速增长,并能够赚到利润。在家电、家居等领域,后发企业变为领先企业极其困难,但小米重新定义了许多消费品领域和产业,似乎用较轻松的方式,在不长的时间内就进入市场第一阵营。有一些产品品类,小米已经成为国内市场销量冠军。

小米之所以爆发性增长,重要原因之一是找到了业务扩张的独特模式。从基本结构看,小米业务扩张似乎属于品牌相关多元化,但其中多了一些生态化的内容,如图 9-11 所示。

小米的故事是从手机开始的。针对巨大的、快速增长的智能手机需求,10 年前小米进入手机领域,和三星、华为、苹果等同台比拼。依靠产品性价比、独特应用功能以及社群式营销、网络销售等竞争制胜因素和手段，小米手机在市场上一举成功，小米品牌也实现了最重要的第一次增值。和通常的聚焦做法不同，小米迅速进入了电视、空气净化器、扫地机器人以及周边电子消费品（充电宝、路由器等）等领域。品类扩张的同时，小米向下游延伸进入零售领域，开设自营零售终端"小米之家"，构筑线上线下渠道平台。

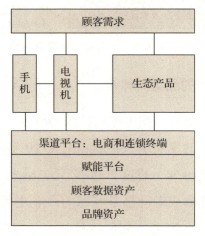

图 9-11　小米生态化扩张模式

小米不仅仅提供硬件产品，还以手机、电视为载体向消费者提供基于互联网的应用和内容服务，打开了另一个生态空间的大门。同时，小米在向市场推出手机产品的同时，涉足手机芯片设计环节，并致力于基于安卓操作系统的应用系统（MIUI）的开发和迭代。这些都显示了小米打造智能终端及消费类电子产品产业链的战略意图（见图 9-12）——尽管这些意图目前并没有完全实现。

许多企业业务扩张所需的企业家，主要由内部供给。当内部企业家人才不足时，企业的业务拓展就会受到限制。因此可以说，企业内部企业家人才的边界就是企业业务扩张的边界。为解决企业家人才供给的问题，小米设计了开放式的合伙（创业）机制，即从企业外部广泛寻找被实践证明具有企业家能力的人才，双方组建合资或合伙企业（外部的企业家人才的人力资本或知识资本可折成一定比例的股份），使新业务、新事业得以破局和发展。在合伙（创业）机制下，小米的生态既是内部的，又是外部的。

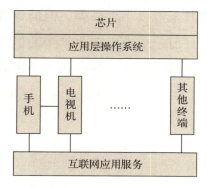

图9-12　小米智能终端及消费类电子产品产业链

为支持、保障、服务新业务发展，小米构建了人员众多、功能丰富的赋能平台。赋能内容包括供应链整合（有可能根据需要投资上游供应链项目或控股、参股上游供应链企业）、要素（资金、技术、信息、人才等）支持以及战略辅导、管理输出、上市支持等。显然，赋能平台也是有边界的：边界越宽，赋能平台上长出的大树就越多，甚至有可能蔚然成林——这一边界取决于小米赋能机构的专业能力以及小米文化的包容性。

通过产品、渠道、顾客交互社群等多种介质和途径，小米将天上的"云"（外部顾客需求和顾客资源，公域流量）转化为地上的"水"（顾客流量池，顾客数据资产）。显然，地上的"水"多了，相关树木就会长得快（数据资产帮助业务发展）。而有些树木长大之后，往往会带来新的"云"——产品和服务创造新的需求。从长远看，通过"云"（外部机会）、"树"（各项业务）、"土"（几个层次的平台）形成循环机制和增强机制，是小米生态化扩张模式的最大优势所在。

在一些消费者看来，小米业务扩张属于品牌延伸的升级版——虽然有些产品品类并未冠以小米品牌，但消费者还是将它们作为小米家族的成员。目前，小米生态化扩张的最大隐患在于，主要依靠手机品类吸引流量、塑造品牌；如果手机品类的市场地位下降，在"一损俱损，一荣俱荣"的机制下，扩张所依赖的土地（平台）就会不那么坚实了。

第十章

新业务选择和拓展

新业务拓展的关键因素

要不要进入新的业务领域,是不少企业家纠结的但又绕不过去的战略难题:不培育新业务,企业没有未来;培育新业务,但新业务开拓不顺利则有可能拖累现有业务。

对现有业务和新业务的关系,管理学家给出了不少实用模型,如人们熟悉的波士顿矩阵等。有的学者提出了双态业务模型,将企业主营业务分为稳态业务和敏态业务两类。前者是指"具有成熟商业模式、固定的市场和用户、稳定的营业收入和利润但业务规模增长相对缓慢的业务",后者则是指"创新的业务,有巨大的发展空间,但是不确定性强,需要快速调整适应发展需要的业务"。[⊖]

⊖ 陈多思. 打破伊卡洛斯悖论,稳健双态业务战略的理论与实践 [J]. 中欧商业评论,2019(6).

这样的双态业务结构，解决了稳定与发展、安全与活力之间的矛盾。麦肯锡咨询公司几位顾问在《增长炼金术》[一书中，将企业业务分为三个层面：一是具有稳定现金流的需要拓展和守住的核心业务，二是具有竞争优势和增长前景的新型业务，三是面向未来竞争的具有生命力的创新业务。三个层面的业务，从时间角度看，有发展的先后次序；从空间角度看，有业绩增长的战略纵深，存在递补关系。

企业业务结构模型并没有告诉我们如何选择和开拓新的发展空间及业务领域。下面我们用一个简单三角结构说明新业务选择和拓展的关键因素（见图10-1）。

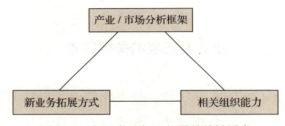

图 10-1　新业务选择和拓展的关键因素

新业务领域选择问题本质上是对新业务领域的战略性认知问题。在正确认知和做出选择的前提下，影响新业务拓展成功概率的关键因素是新业务的拓展方式和路径（内部培育或外部收购兼并）。当行动方案确定之后，组织能力（企业家人才供给、管理体系、赋能体系等）则成为决定性因素。从实际操作角度看，存在先发现收购兼并目标再去分析业务领域的可能。此外，企业在进行

㊀ 梅尔达德·巴格海，等. 增长炼金术[M]. 北京：经济科学出版社，1999：43-130.

新的业务领域方向以及拓展方式的研究、决策时，通常还会考虑自身的能力基础、条件及边界，即可行性。

产业/市场分析框架

产业/市场分析即业务领域或业务空间分析。从理论上说，产业是供给者的集合，即提供相同类别产品和服务的供给者的集合；而市场是顾客的集合，即对某类产品和服务有现实需求的顾客的集合。供需之间的连接体系如流通（渠道）体系、传播体系等，可以归入市场。广义的产业包括市场，而广义的市场亦包括产业。因此，广义的产业分析和市场分析含义相同。此外，产业和行业同义。不过，有的人习惯性地认为产业的边界更大一些，而行业的边界更小一些。说到产业或行业边界，其界定是相对的，视所处坐标系而定。产业的界定一般是有特定语境的，在该前提下定义产业，通常不会引起歧义。

产业/市场分析框架为正确认知产业/市场（业务领域）提供了工具——分析框架由若干个相互联系的多层次变量组成。正确的认知，一方面与分析时选取的变量的齐全性相关（不能遗漏关键变量），另一方面与对变量之间相互关系的把握相关。通过系统性、整体性的分析，可以对产业/市场（业务领域）的吸引力、机会和风险等形成判断。图10-2是笔者原创的产业/市场分析变量体系（DSR框架）。[一]

[一] 施炜.企业战略思维[M].北京：中国时代经济出版社，2003：43-130.

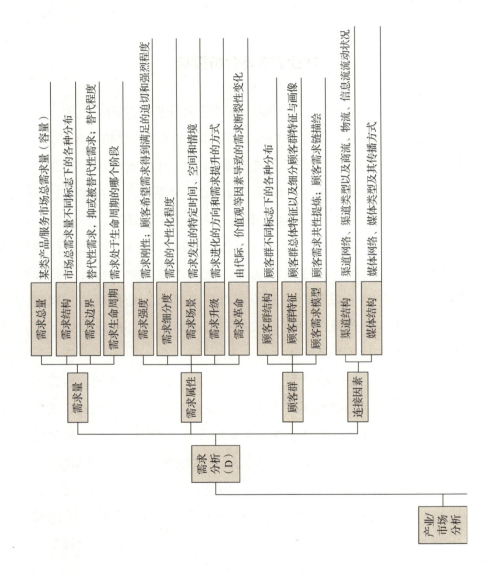

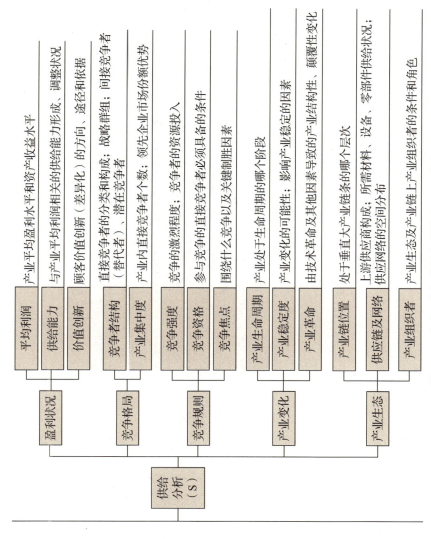

图 10-2 产业/市场分析变量体系（DSR 框架）

第十章 新业务选择和拓展

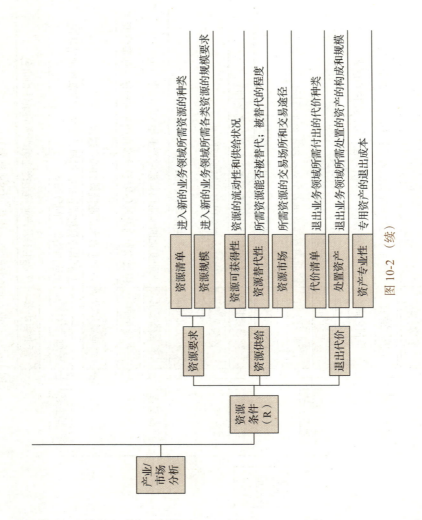

图 10-2（续）

上图只列到产业/市场分析变量体系的第三级变量，往下展开还有第四级、第五级……到较细的粒度，变量可能有数百个之多。这也意味着分析可能进入的业务领域时，需进行深度战略性思考。我们对产业/市场（业务领域）的分析类似于体检，先运用多种指标从多个维度进行细致的分析，最后将几个维度的变量统合在一起可以得出整体结论。运用DSR框架可对新兴产业特征进行概要描述，如表10-1所示。

表10-1 新兴产业特征

变量维度	有关变量描绘
需求	• 需求量有增长趋势 • 需求边界清晰且有扩张性 • 处于需求生命周期的成长阶段 • 顾客对产品和服务了解有限，存在信息不对称
供给	• 盈利水平较高 • 产业集中度低；未形成公认的寡头 • 技术等因素处于变化之中；产业稳定度较低 • 价值创新有较大的弹性和空间 • 多方博弈格局下竞争规则尚未定型 • 处于产业生命周期的成长阶段 • 供应链及网络不健全 • 通常处于垂直大产业链的两端
资源	• 对技术资源、知识资源、创新资源有较高要求 • 关键资源（技术、知识）流动性低，尚未大范围扩散

新业务拓展方式

企业新业务拓展方式主要有两个：内生培育和外部收购兼并。前者效率低但风险小，后者效率高但风险大。我们先来看看如何培育新业务（见表10-2）。

表 10-2　新业务培育操作指南

培育新业务容易出现的问题	解决思路及方法
患得患失，资源分散	方向明确后集中资源，持续压强式投入
预设方案和现实不符合	以迭代方式使方案更完善、更可行；做好过程中的复盘
领导者选配不当	用赛马机制，通过干部任用程序选拔合适的企业家人才
原有体制、架构及组织文化制约和拖累	将新旧业务隔离；给新业务特殊待遇；创新体制、架构以及组织文化
迷信内部创业机制，浪费企业资源	聚焦主航道，按战略导向原则规划、安排新业务开拓的步骤、节奏等

我们再来看看收购兼并。如何提高收购兼并的成功概率呢？下面是从操作角度提出的若干建议（见表 10-3）。

表 10-3　如何提高收购兼并的成功概率

收购兼并容易出现的问题	解决思路及方法
机会主义；追求风口和热点	坚持战略方向；坚持将战略资源投放于主航道
对企业前景、现状、风险等缺乏全面、准确的认知和判断	组织专业团队，强化尽职调查；提升收购兼并、投资团队的专业能力及洞察力
对标的企业估值不准确；不能发现标的企业价值，或者高估标的企业价值	构建估值对标体系和方法论体系；防范高管风险
对标的企业领导者道德、人格及领导力等关键因素判断失误	完善标的企业领导者评价方法和机制；关注目标企业领导者的关键行为；提高对人的理解力和判断力
收购兼并方案利益安排有缺陷，相关利益主体的所得与期望有差距	按照共赢原则设计合理、合法、合情、均衡的利益方案；导入把价值做大的合作机制；使相关利益主体所得超过期望
业绩对赌方案缺乏依据，随意性大	实事求是，留有余地，不急于求成；遵循产业规律和常识
收购兼并后标的企业未达成预期目标	定期对标的企业经营状况进行跟踪分析，提出改进意见，帮助标的企业改进和变革；构建投资收购兼并企业全面赋能体系
收购兼并后标的企业存在偏离战略方向以及其他失控现象	完善收购兼并后管理体系和监控体系；发挥法人治理结构（股东会、董事会、监事会）作用；必要时运用法律手段

相关组织能力

与新业务拓展相关的组织能力主要包括以下要素。

第一,内部企业家人才。主要指能独当一面、创新商业模式、组建核心团队的新业务领军人才。

第二,管理体系和文化体系。涉及组织规则集成、核心价值观架构以及企业文化建设机制,其中包括与新业务相匹配的组织架构和管理体制(责权利安排)。它们服务于现有业务,但可以供新业务沿用、借鉴和参考。

第三,赋能体系。指对新业务提供支持和服务的专业职能体系。

这三者之间是有关联的:企业家人才的意志、愿望及策略牵引、催生管理体系、文化体系及赋能体系,而后者是企业家人才成长的土壤。管理体系和文化体系是赋能体系构建和运行的基础,而赋能体系中的成功经验和标准是管理体系和文化体系的来源之一。

第十一章

环境变化和企业应变

变化的类型

企业进化,是在与环境的互动中发生的。可以说,企业进化是对环境的适应。环境是不断变化的,因此,企业在进化过程中也需相应调整进化的方向和路径。我们将这种调整称作应变(包括战略层面的应变和组织层面的应变)。而欲有效应变,则需先理解变化。

从一般意义上说,变化是指系统从一种状态变为另一种状态。系统变化的类型,可以分为四种(见图11-1)。

渐变是指系统在结构、内部要素形态基本不变的情况下,部分乃至全部要素出现量的变化。突变是指系统结构性变化,即变量的形态以及相互之间的关系都发生重大变化。突变有突然发生之意,与时间因素相关,有时间的限定。当然,不同事物、系统所处的时间轴刻度是不同的。地震这种突变现象，发生的时间往往只有几分钟；古代一个王朝的崩溃可能历经数十年时间，但在人类历史长河中这属于突变。可逆是指系统变化之后还能恢复（或基本恢复）到变化之前的状态，而不可逆则与之相反，意味着系统变化之后进入新的状态不再复原。

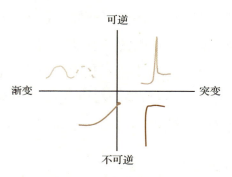

图 11-1　系统变化的类型

从"渐变—突变"和"可逆—不可逆"两个维度，我们可以概括出四种变化类型。

1. 渐变—可逆

系统逐渐变化，到达临界点之后恢复原状。比如一个人慢慢变胖，胖到一定程度又慢慢变瘦。企业发展过程中，随着人员规模扩大，组织结构通常会变得复杂，运行效率也越来越低，但经过变革及"瘦身"，组织往往又重新焕发生机和活力。这种可逆的渐变如果多次发生，则称为周期性变化。以生猪生产体系为例，在农民分散养殖的情况下，它呈现出产量（价格）由低至高，由高至低，再由低至高，由高至低……循环往复的周期特征。

2. 渐变—不可逆

系统朝着一定方向渐渐变化，没有临界点（终点）；或者到了临界点终止变化（系统停止运动），或者出现突变，即人们常说的从量变到质变。人们所处环境中的大部分系统，都处于不可逆的渐变过程中，如气候慢慢变暖、冰山渐渐融化……至于终点在哪儿，会不会突变，我们现在还不得而知。企业外部环境中主要系统，如需求侧的市场、供给侧的产业以及 PEST（政治，Politics；经济，Economy；社会，Society；技术，Technology）等的变化，也都属于这种类型。在不可逆渐变过程中，系统不同阶段变化速度以及剧烈程度有可能不同。

3. 突变—可逆

系统突发重大结构性变化之后，在较短的时间内复制系统原有结构。某些地震虽然破坏性很大，但是在不太长的时间内，被损毁的城市会重建，社会秩序也会恢复。我国古代朝代更替，也有"突变—可逆"的特征。

4. 突变—不可逆

系统突发重大结构性变化之后，新结构替代原有结构。在人类发展史上，工业文明替代农业文明就是这种变化类型的例证。在国际关系、社会经济体制以及社会治理等领域，也经常发生这种变化。

企业所处环境的变化，大都属于"渐变—不可逆"以及"突变—不可逆"两种变化类型。前者是常态，后者则属偶发。我们分析企业应变之策，主要以这两种变化为前提。

我们所理解的变化，是具有一定的时间意味的。显然，从企业进化角度看，我们主要着眼于未来环境的变化，而未来的变化是有不确定性的，因此，我们还需理解什么是不确定性。

什么是不确定性

不确定性，或确定性，是指事物发生的概率，而且是未来发生的概率。概率较小的事件通常被视作不确定性较大的事件，而小概率事件①的不确定性则更大。但是，如果对某些事件未来发生的概率——哪怕是较小概率或小概率——有认知和把握，我们总能找到办法应对和预防这些不确定性。例如，对某些管理基础良好的企业来说，安全事故过去是小概率事件，将来也是小概率事件。过去的经验（包括来自其他企业的间接经验）可以使企业在未来也能采取有效的防控手段。真正的不确定性在于：对于很多事件，我们是无知的，不知道它们发生的概率——可能是小概率，也可能是大概率。

"无知"可以分为两种情形：一是对于未来可能出现的全新事物，所有人都没有经验；二是对事物的未来发生概率，一部分人了解，而另一部分人无知。举个例子，海边有一股怪异的潮水，每年或每个月在特定时间总会出现，将来也是如此。在老渔民的眼里，这完全是可确定的。但对于对此一无所知的游客而言，这些潮水具有不确定性，蕴含着巨大风险。这从一个侧面说明专家的重要和经验的重要。由此可以得出结论：对未来变化和不确定性的认知，取决于对有关事件（重点是以往未发生过的全新事件）未

---

① 在概率论中我们把概率接近于0（即在大量重复试验中出现的频率非常低）的事件称为小概率事件。

来出现概率的估计和预判。

与不确定性概念相关联的概念是混沌。但与不确定性不同，混沌所指的事件是确定性的，也就是已经发生（或者已经开始发生）以及将来必定发生的事件。从复杂系统理论看，混沌的含义是：有些事件或系统是无规则、不可重复、不可计算的，也是在短期内难以预测的。㊀企业系统就是一个混沌的系统。许多企业取得了公认的成功，但其成功原因、相关因素、演变机理等，却是无法清晰地揭示出来的，也是无法复制的。其他企业只能借鉴其主要经验、战略框架、基本原则，但不能照搬和移植其具体做法。企业应对环境变化时，需考量和关注环境及企业自身的混沌现象和事件。

量子物理学对不确定性做了独特的解释。海森堡不确定性原理（又称海森堡测不准原理）认为，不可能同时知道一个粒子的位置和速度。换句话说，在同一时间，一次观察只能了解位置和动量这对"共轭"（孪生）变量中的一个。与不确定原理相关的波粒二象性概念，揭示了物质的叠加状态：既是波，也是粒子。

参考丹娜·左哈尔《量子领导者》一书中的有关观点㊁，我们可以从不确定性原理和波粒二象性理论中得到以下启发。

第一，我们不可能了解事物的全部信息；当我们了解事物的某一部分信息时，就不得不放弃另外一部分信息。我们的困境是：认知是有限的，只能在局部的信息空间里、在不完全信息下进行选择。因此，企业管理者务必谦虚谨慎，在实践过程中，以反馈、迭代的方式验证假说、积累经验，破除认知的局限性。进一步说，

㊀ 颜泽贤，范冬萍，张华夏. 系统科学导论——复杂性探索 [M]. 北京：人民出版社，2006：280-281.
㊁ 丹娜·左哈尔. 量子领导者 [M]. 杨杜，施诺，译. 北京：机械工业出版社，2016：75.

在不确定的常态下把握那一刹的确定性。同时，构建立体、开放、交互的信息网络，使组织每个成员打开信息窗口都能看到局部的星空，通过拼接形成较大的穹宇图景。

第二，我们对系统、事物的参与、介入、干预方式，会决定系统和事物变化的结果；我们对问题的提问方式，会影响问题的答案。在企业管理实践中，价值创造活动是水流，管理方法、工具是管道。我们需要根据水流的特征设计管道，而不能反过来让水流受制于管道。在组织协同中，我们每个人都需考虑自己的态度、行为可能对对方产生何种效应。企业领导者讨论问题、做出决定时，应避免这种情况出现——因自身角色定位、行为做派不恰当（比如高高在上、一言堂、不善于倾听等）而妨碍组织智慧的生成。由此，我们也可以看出，顺其自然、无为而治的生态理念与量子思维是相契合的。

第三，由于事物叠加存在多种形态，我们不能用非此即彼的绝对思维指导行动。在认知上，应有能接受、容纳叠加态的思维方式和分析框架（如灰度理论）；在实践上，应注重行为意义的多重性。好比乒乓球选手接球时既要防也要攻，需在化解冲击、有效防守的同时增添进攻意识。这样的动作，非攻非守，亦攻亦守。在企业管理中，有些举措既是激励也是约束，既是激活也是控制，既是探寻机会也是开发能力。

企业经营环境当下的变化

当下企业所处的产业和市场正在发生哪些变化呢？下面我们

分项说明。

1. 竞争强度提高

竞争强度是指产业内外企业之间竞争的激烈程度，可以用竞争过程中参与者投入的资源来衡量。目前，几乎所有产业的竞争强度都在提高，主要表现在以下几个方面。

第一，竞争主体变化。很多企业的竞争已棋至中盘，到了剩者为王的阶段。参与竞争者都具有较大的规模和较强的实力，一些新兴产业（互联网、高新技术等）已然是巨人的游戏；一些传统产业除了"剩者"之外，还有强劲的"野蛮人"进入，进行降维竞争。此外，过去的竞争，多是单个企业的竞争，而现在则是群体（战略群组）之间的竞争乃至生态联盟之间的竞争。

第二，竞争资源增加。一些产业的相关竞争主体在竞争中投入资源的规模、结构、属性都与以往不同。资源投放动辄百亿计，甚至千亿计。有些成长中的高新技术企业（并非华为那样的领导者），拥有的博士研究生多达数千人。资本市场上的投资者对独角兽的追逐，使大量资本源源不断地流入相关领域。

第三，竞争手段丰富。以往，竞争主要发生在线下，现在已延伸到了线上。以往，竞争主要依托固定终端，现在则依托无线终端。总的来说，现在的竞争是全场景、全通路、全网络的立体竞争。

第四，竞争空间范围扩大。我国许多企业过去主要在国内市场与国内企业竞争，现在则在全球范围内与国际企业竞争。以往企业供应链、通路链的布局主要限于国内，现在则需有全球视野。

第五，竞争优势难以建立。在信息和要素充分流动的情况下，企业很难形成相对稳固的成本优势或差异化价值优势（顾客价值增量）。换句话说，具有竞争壁垒的企业并不多见。目前，许多产业、市场（尤其是互联网领域）的竞争格局是：寡头领先者拥有的资源越来越多，它们在超越竞争者的路上越走越远（如阿里、腾讯等），但是绝大多数竞争者生态位越来越狭窄，生存资源越来越稀缺。

2. 竞争速度加快

目前，一些新兴产业和市场就像快速转动的气旋，裹挟着企业，使之快节奏运行。而企业运行速度加快，则会驱动气旋更快地前进。即使属于传统产业和市场的企业，随着竞争的加剧，也在提高运行速度。

第一，企业和品牌的领先时间缩短了。在新兴产业和市场领域，江山代有才人出，各领风骚"三两年"；而在传统产业和市场领域，近年来有一些领先很久的品牌，也被新生品牌超越。

第二，成长过程缩短。以往企业从小做大需经历相当长的时间——少则八年、十年，多则数十年；但在新兴产业和市场领域，在资本的推动下，一些新生代企业快速集聚所需资源，在很短的时间内实现爆发性增长，甚至一举成为市场领先者。当然，许多企业和品牌"兴也勃焉，亡也忽焉"。

第三，价值链运动速度加快。几乎所有的企业为了获取市场先机、超越竞争对手，都在提升价值链的运行速度和效率，具体表现为产品/服务生命周期缩短、订单回应期缩短、资金及存货周转加速……休闲装的快时尚模式正在向其他领域（家电、手机、食品等）蔓延。

第四，产业整合加速。近年来许多企业整合和集中度的提高有加速迹象，主要有两个原因：一是许多产业进入了成熟期。从市场角度看，这些产业所属产品品类（服务）的有效需求增速下降，甚至出现了零增长和负增长。二是产业中的部分领先者及挑战者在外部市场环境不利的情况下，以攻击性态势争夺产业中弱势竞争者的市场份额。

3. 不确定性增加

互联网时代，几乎所有的系统和事物的确定性都在下降，"黑天鹅"频频出现。这既与有关系统的脆弱性、不平衡性有关，也与社会要素的流动性和聚集性有关，同时还与互联网网络式传播机制有关。

第一，环境变化难以预测。一些企业不知道外部环境将来会发生什么，也不知道一些事情未来可能发生的概率大小，因此不敢向未来下注，缺乏战略性长期行为。同时，许多企业经常在无法预判和没有准备的情况下，与跨界者、替代者，以及新（黑）科技、新商业模式不期而遇，遭遇来源不明、特点不清的竞争者的冲击。

第二，系统中局部的细小变化引发全局性变化。这是复杂系统的自组织特点。某个边缘变量通过相关系统的自发、自为机制，有可能使产业和市场的某些领域或方面发生结构性、整体性的调整。这种情形（对企业来说，有可能是正面效应，也可能是负面效应），经常不在企业的预估范围之中，其过程也不受企业控制。

第三，小概率事件变成较大概率的事件。一些企业为什么感到环境的不确定性增加呢？一个重要原因在于，以往极少发生的小概率事件（或较小概率事件）现在经常出现，例如一年内下了百年一遇的大雨。小概率事件的概率变化，往往是系统突变及重大变化的征兆。如果某地区化工产业连续出现严重安全事故，那么其准入规则、安全标准、工艺方法等都有可能发生重大调整和变化。

4. 需求侧地位提升

需求侧地位提升，主要是就消费品领域而言的（中间工业品领域情况较为复杂）。近年来，随着新生代消费者（90后、00后）成为市场主力，随着互联网的发展、消费文化的变化，需求侧出现了许多令人眼花缭乱的新现象。

第一，魔方式消费者结构○。魔方有三个维度：一是收入维度，二是生活方式维度，三是消费场景维度。在这个三维空间里，细分的需求集合（魔方上的小方块）不断增加。细分动力一方面来自三维数轴的延长，另一方面来自原有需求集合的再细分（原先的一个方块变成两个甚至更多的方块）。

第二，供需之间信息和知识不对称减少。互联网是知识和信息流动的平台。在这一平台上，有关产品和服务的信息和知识很快被传播和共享。同时，与"粉丝"机制有关，有些年轻消费者对喜欢和心仪的品牌及产品/服务如痴如醉，投入了大量的精力和资源进行钻研，使自己变成了相关领域的专家。

第三，个体消费者的虚拟组织化。这里的组织化并不是指消

○ 施炜.连接：顾客价值时代的营销战略[M].北京：中国人民大学出版社，2018：4-9.

费者协会等机构把消费者组织起来，而是指消费者通过互联网自发形成社区和社群。在虚拟组织和社群里，部分消费者则成了意见领袖。

第四，符号化消费。新生代消费者生活在二次元的世界里，对符号有强烈的依恋和兴趣。对他们来说，符号是审美对象，是情感投射，是自我认同以及社交纽带。符号化消费，意味着符号在各种消费产品上的广泛应用。

第五，消费者流量分布碎片化。一方面，不同的消费人群栖身于线上线下多个场景；另一方面，同一消费人群根据消费动线以及顾客价值链穿行于线上线下不同空间。顾客流量分布碎片化，增加了企业/品牌连接消费者以及经营顾客资源的难度。

应对环境变化的思维方式

应对环境的不确定性以及变化，具体的方法、举措固然重要，但更重要和更关键的是方法、举措背后的思维方式。

1. 列出环境系统中的主要变量，并按照时间标志进行分类

影响企业进化的环境变量，产生作用的时间长短不同。一般来说，长期变量作用时间在 10 年以上（部分变量符合库德拉季耶夫周期），⊖中期变量作用时间为 5~10 年，而短期变量作用时间则是 1~5 年。下面我们列举了主要环境变量，如表 11-1 所示。

⊖ 约翰·伊特韦尔，默里·米尔盖特，彼得·纽曼. 新帕尔格雷夫经济学大辞典. 北京：经济科学出版社，1996：65-67.

表 11-1　影响企业进化的主要环境变量

变量类型	作用时间	变量定义
长期	10年以上	• 产业结构（新技术和新产业发展）；技术革命 • 人口变化和代际变化 • 社会经济体制、社会治理和法制环境 • 社会流动和社会结构 • 城市化、要素流动和区域经济发展 • 社会思潮和文化 • 国际关系和国家地缘关系 • 国家长期战略和政策 • 社会基础设施建设 • 气候等自然因素
中期	5～10年	• 宏观经济增长 • 市场需求总量，顾客结构和需求特征 • 概念性（创意）产品和服务；新技术应用 • 渠道网络及物流体系 • 媒体结构和传播环境 • 竞争者结构和产业集中度 • 产业链；全球供应链分布 • 产业竞争规则 • 金融政策和金融体制 • 国家中期战略和政策
短期	1～5年	• 消费时尚、潮流及热点 • 新的产品和服务 • 新的渠道业态 • 新的传播途径和工具 • 市场竞争态势（如价格战、终端战、推广战等） • 竞争者结构；主要竞争者 • 区域市场状况（机会或阻力） • 城市改造；重大投资建设项目 • 短期突发事件（自然、社会、经济、国际关系等方面） • 国家短期政策和规定

　　三类变量中，长期变量大都是国家乃至全球层面的社会经济宏观变量，中期变量大都是市场、产业层面的中观变量；短期变量大都是目标顾客、局部市场环境、直接竞争者层面的微观变量。有些人认为，企业成长不必考虑宏观变量。从企业长期进化角度

看，这种观点难以成立（就企业短期增长而言，有一定道理）。任何企业都无法脱离宏观环境，其进化路线不能背离社会经济宏观趋势。对企业进化影响最大、最深远的是长期变量和中期变量，影响最直接的是短期变量。令人遗憾的是，许多企业（主要是中小企业，也包括一些规模较大的企业）习惯于将关注的焦点放在短期变量上，经常被短期变量牵着鼻子走，忽视了更为基础和重要的中长期变量。结果企业总是为短期生存或短期业绩奔命，而使中长期成长、进化受到阻滞。

对于有远大目标和战略意图的企业来说，应以长期变量为成长、进化的牵引和约束，以中期变量为战略决策的参照和限定，以短期变量为战略执行方案以及战术安排调整的诱因和契机。企业需将战略视线拉长，洞察环境变化的长期趋势，重视中长期战略管理循环，同时强化长期性、基础性要素的投入，注重长期行为。短期决策时，需将中长期变量纳入考量范围，使短期动作具有中长期战略意义。用德鲁克的话说，就是"今天的决策，明天的成果"⊖。此外，还需锤炼在短期变量中发现长期变化特征的能力。

2. 在辨识环境变量的基础上，对环境变量未来可能出现的趋势和结果进行预估，事先制订应对方案

环境变量的确定性（不确定性）存在三种情形（见图11-2）。

变量确定或基本确定是指：在预估者看来，其未来趋势只有一种答案；或者虽有几种答案，但其中某一答案有较大的可能性（概率）。变量不确定分成两种情形：一种是一定程度的不确定，即

⊖ 彼得·德鲁克. 管理的实践[M]. 齐若兰译. 北京: 机械工业出版社, 2007: 74.

变量未来存在多个答案，但概率分布比较均衡，没有一种答案是大概率的；答案越多，不确定的可能性越大。另一种是完全的不确定，即变量未来没有答案；或者说，预估者不知道它将来会出现什么结果。

图 11-2　变量确定性（不确定性）的三种情形

面对确定性（不确定性）属性不同的变量，企业均需有与其相对应的确定性对策和举措，即用确定性的行动应对不确定性的环境。但是，针对不同的变量，确定性行动是有差异的。如果我们认为变量是确定的，那么与之相关的预案则是准确、具体、直接的。比如，某沿海地区以往每年夏秋季都会遭遇台风袭击，按照归纳法推断，今后每年还会出现这种情况，那么该地区企业大都会提前做好预防工作，并制订应急及救灾方案。如果我们认为变量具有一定程度的不确定性，那么我们需要准备多种方案，并且按多种结果可能出现的概率配置资源，同时采用适用面广、网络状的基础管理体系进行预防和控制。对于完全无法预测结果的不确定变量，我们所能做的就是锤炼意志、勇气，锻炼体质、能力，训练认知模式，提炼基本原则，期望在不可预估的突变情况发生时提高生存概率。

有的读者可能会问：如何几无遗漏地预测和列出有关变量未来可能的趋势和答案，并且准确地估计其发生概率？不同的系统以及不同变量有不同的模型和方法，这里无法一一列出。总的来说，厘清环境变量、预测环境变量趋势、预估多种答案的概率，是企业领导者应具备的特殊洞察力。它是企业领导者领导力模型中最重要的元素。没有这种洞察力，怎么会有冬天的棉衣，怎么会有多层次的战略纵深，怎么会有备胎计划？洞察力从哪里来？它是多种因素共同作用的产物（见图11-3）。

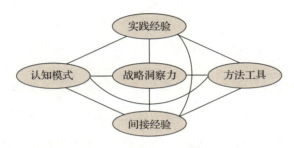

图11-3　企业领导者战略洞察力的来源

实践经验是企业领导者在实践中积累的体会、认识。间接经验是他人的经验，企业领导者需从学习中获得。方法工具是科学范畴的模型、分析框架和算法等。认知模式是企业领导者自身独特的认识外部世界的思维方式，以及因果认知结构、决策模式等。

3. 将环境变化作为常态，主动适应变化

企业作为一个与环境互动的生命体，应始终处于"刺激—回应"的状态，根据环境的变化和挑战不断做出反应和抉择。当下我国不少企业之所以面临成长瓶颈甚至陷入困境，一个重要的原因是漠视和忽视变化，不能前瞻性地在战略层面预先做好准备，当市场及产业严冬来临时只能仓促应付，被动地挣扎在生存线上。

将变化作为常态，主动适应变化，是企业长期进化的核心理念和基本原则。

第一，形成敏锐感知环境变化的触角——开放的信息网络，以及信息传感机制（共享的信息平台，从外至内、从下至上的扁平、通畅的信息传递管道），使企业决策者能快速、直接感知真实的环境信息。企业领导者如果处于封闭、虚假、空泛、矫作的信息空间里，就无法准确感知和判断外部形势的变化，从而也不可能带领企业适应环境、与时俱进。

第二，通过迭代式学习机制，提高企业生命体的智慧程度。核心团队在学习、反思中不断打破障碍，使思维活动处于市场、产业以及更大系统的前沿，从而形成预知变化、把握乃至引领未来潮流的前瞻能力。在学习过程中，发现新问题，寻找新方法。实践和思考成果间一旦产生互动（实践，认知，再实践，再认识，循环往复，以至无穷），就会使组织的智慧程度不断提升，从而能更主动、更快速、更有效地应对环境变化。

第三，开发、整合内外部资源，构建适应环境挑战和竞争要求的动态能力体系。"动态"是指能力不断变化（但能力基础强大、坚实），"体系"是指多种能力组合，以及培育、开发多种能力的手段、机制。企业需根据环境变化和生存需要，不断生成、培育某些功能，并且强化某些核心技能及竞争优势，促使生存方式（包括战略方向、商业模式、组织结构、运行机制等多个方面）从低级向高级演进。

第四，打开组织边界，使组织融入环境之中。"融入"意味着组织与环境进行信息、能量的交流。将组织封闭起来，回避环境变化，只能被时代潮流所抛弃。不与外部交流，只能使大量无效能量集聚在组织内部（熵增），从而使组织失去生命力。"融入"意味着企业在产业生态系统中找到自己的位置，发挥积极的作用。大部分企业，没有机会也没有条件成为产业生态的组织者和标准制定者，只能"被生态"。因此，这类企业应在产业生态的复杂结构中，找到适合自己的生存与发展生态位，并充当合作者为产业生态做出贡献。在条件不具备的情况下，总想打造一个独立的产业生态，基本上是没有出路的。"融入"还意味着在环境变化中顺势而为，做驾驭浪潮的弄潮儿。

第五，增加战略和组织弹性，应对环境的不确定性。所谓战略弹性，是指多层次愿望结构安排、多方向技术研发计划、多区域供应链布局，以及多种业务风险对冲机制。在战略弹性和战略聚焦之间，企业需保持平衡。既凸显战略重点，又机动灵活——这就是战略灰度，善于运用相反相成的战略思维处理矛盾关系。所谓组织弹性，是指非僵化僵硬的组织架构、机制，以及叠加组织、自组织和流动式的组织形态。

4. 坚守基本原则

环境中的许多变化是猝不及防、没有规律的，事先无法准确预判，也不可能准备具体应对方案。事情突然发生后，急中生智、临时反应、见招拆招，常常无济于事。在各种特殊的变化情境中，能够帮助我们有效解决问题的只有那些常识性的基本原则以及源于这些原则的方法、举措。换言之，只要坚持和遵循基本原则，就能降低出现重大错误的概率，就有可能化解环境突变的风险，使企业在"物竞天择,适者生存"的长期进化中立于不败之地,成为优胜者。

基本原则是企业的"天理"或"道"(核心价值观和基本方法论)。而不同的企业,"天理"却有共性。"天理"之所以能够跨时空、跨情境地发挥作用,是因为它们是企业组织最本质的属性定义,是市场环境对企业意义和功能的基本要求,是企业相关利益主体之所以能协同合作的规则概括,是企业经营管理普遍规律的总结。让我们再重温那些被全世界企业普遍认同的"天理"。

——创造顾客价值,承担社会责任

——诚信;品质至上

——长期主义;能力主义;不投机

——分享,共治;利出一孔

——公开,透明;公平,公正

——以人为本;尊重人,激发人,成就人

——尊重事实,实事求是

——批评与自我批评

——艰苦奋斗;锲而不舍,持续改善

——注重生态;共生,多赢

渐变环境下的战略转型

绝大多数企业所处的产业、市场环境,都具有"渐变—不可逆"的特征。应对渐变环境的唯一办法是以变治变,通过调整进化的方向、路线等实现适应环境、引领环境的目的。

在"渐变—不可逆"的环境中，一些传统企业需在长期战略引导下，动态地调适与环境的关系，进行战略转型，即调整进化的方向和路线。战略转型主要有两种方式，一是现有业务的演变，二是进入新的业务领域（与现有业务可能相关，也可能不相关）。对于后一种方式，我们在第十章"新业务选择和拓展"中已经做了探讨，这里我们主要对前一种方式进行说明。

现有业务演进，借用生物学概念，主要有改变物种、改变生态位、改变竞争能力三种途径。下面我们分别说明。

1. 改变物种

从生物学角度看，改变物种是指生物种群为适应环境变化，改变自身的形态、结构、技能以及生存方式，从而改变了自身的定义和属性。由于进化调整是连续性的，因此，改变后的物种依然有祖先的基因和印记。就企业进化而言，改变物种意味着在长期进化过程中，企业改变自身的成长方向、输出价值以及生存模式，并在社会（人们认知体系中）中被冠以新的标签、归入新的类别。这是重大的乃至根本性的战略转型。

首先，改变业务发展的目标和方向。结合我国企业成长的实践，部分民营企业需改变在机会时代长期形成的追求规模的惯性，将业务成长目标定位于价值。这并不意味着完全不考虑经营规模目标，而是在多个目标排序时，将价值目标放在首位，或者注重经营规模目标和经营质量目标的平衡。

在需求总量膨胀、放大的背景下，追求规模有一定的依据和道理，能牵引企业利用市场容量放大的契机迅速做大。而当下许多领域需求在收缩，增量市场变成了存量市场，资源投入的边际产出可能非常小，甚至是负数，因此，规模导向不仅难以实现，而且代价巨大。从一些企业增长实践看，过于追求目标容易引发对产品质量、价值创新以及能力提升的忽视，产生过激的经营行为，使企业资金风险等经营风险增大，影响企业可持续成长。

价值目标中的"价值"，主要指为顾客创造的价值。追求价值目标，意味着尽可能使顾客价值（效用和代价的比值）最大化。实现顾客价值目标，需不断开发、积累顾客价值源泉（技术资源、知识资源、文化资源或其他资源），创新商业模式，提升供应链效率，转变增长方式——从外延型、资源型增长转向集约型、内涵型增长。

在资本市场背景下，价值目标中的"价值"还有一个含义，是企业业务的估值。两种含义的"价值"在逻辑上存在联系：为顾客创造的价值，使业务具有较高的成长性，使投资者获得良好的长期收益，从而支撑和提升企业的市场价值。需要说明的是，追求资本市场上的企业价值不能离开顾客价值基础；不能编造概念，追求估值泡沫；更不能弄虚作假，触碰法律底线。

其次，重新定义顾客价值。在传统产业领域，有一些品类的产品/服务已进入衰退期，形态老化、需求萎缩；还有一些品类的产品/服务虽然没有进入衰退期，但未来的市场容量存在极限。假如产品/服务是一棵树，其植根的土壤发生流失，这时就需要通过基因工程，使原有的树种发生变化（不是另选一种树），并为它找到新的绿洲。这里的基因工程就是重新定义产品/服务提供给顾客的价值。

重新定义顾客价值意味着回到业务经营逻辑和实践的双重起点，意味着重新思考"产品/服务是什么""主要作用是什么"这样的基本问题。长期以来，人们认为书是知识的载体，读书是获取知识的途径。但对很多人来说，图书的主要价值未必是阅读。它可以是一种收藏品，甚至还可以是一种居家或办公空间的装饰用品。

重新定义顾客价值，改变了产品/服务的用途、意义。山不再是那座山，河也不是那条河。它使企业业务系统的输出发生了变化，而输出变化必然引发系统结构、运行方式乃至系统输入的整体变动和调整。这里包含商业模式的结构性变革。这种战略转型多发生于消费品领域以及消费服务领域——有些产品/服务"名"（名称）还在，但"实"（内涵）已经发生变化，可谓"名"随"实"变。下面我们来看一些例子。

——自行车从交通工具变成健身器材

——手表从计时器变成首饰

——社区便利店从售货场所变成居民的"第二生活居所"

——音响从扬声器变成 AI（人工智能）控制器

——商学院从管理教育机构变成资源对接的社交场所

——工业旧厂房从生产场所变成购物及娱乐中心

——视频网站从媒介变成电子商务（直播）平台

改变产品/服务的价值定义，并不意味着原有价值被完全放弃或剔除。原有价值或者与新价值并列，或者变成次要价值，其驱动因素主要有两个：一是产品/服务的消费场景出现迁移，其价值内涵相应地发生变化。如图书馆的图书是供人阅读的，但家庭客厅里的图书则有了装饰性。二是顾客新的需求引发产品/服务价值组合的调整。原有的次要价值可能成为消费者青睐的主流价值，或者产品/服务的某个边缘功能契合了某种社会需求潮流而成为产品/服务的显著标签。

最后，商业模式递进。在企业系统的演进方向、输出价值发生变化的同时，作为生物体，其生存方式也会相应嬗变。而改变生存模式的重要路径，是商业模式。它有时因进化方向和价值定义的改变而发生，有时具有自身的独立逻辑，反过来引起进化方向和价值定义的改变。这意味着商业模式常常具有内在的演变动力。本书前面提到，企业商业模式主要有三种类型：价值链型、顾客资源型和平台型（参见第三章中的"顾客价值迭代和商业模式创新"）。这三种类型存在层级关系，即后一种类型比前一种类型更复杂，更难模仿，更具扩张性。企业从较低层级的商业模式递进到较高层级的商业模式，意味着生存基础更加牢固、成长空间更加广阔、收益来源更加多样和稳定，同时在产业生态中的地位更高、话语权更大。通常情况下，商业模式的递进是顺次的。也就是说，价值链型需先升级为顾客资源型，然后才有可能递进为平台型。具体的递进路径说明，如图11-4所示。

每类商业模式的具体化和动态化，则形成竞争策略，即战法（参见第四章中的"什么是战法"）。战法是企业生存模式及竞争模式的组成部分。由于我们主要关注变化环境下的企业战略转型，具体的战法创新就不详细说明了。

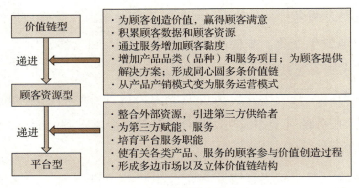

图 11-4　商业模式的递进

2. 改变生态位

生态位是一个生物学概念。百度百科上的定义是：某个种群在生态系统中，在时间、空间上所占据的位置及其与相关种群之间的功能关系与作用。生态位又称生态龛，表示生态系统中每种生物生存所必需的生态环境最小阈值。通俗地说，生态位是某个物种一定时间内生存的生态环境。在自然界，有的物种的生态位很宽阔，有的物种的生态位很狭窄；有的物种生存于地面，有的物种生存于地下……"生物为了生存，可以选择两种方式：一种方式是与试图占据现有生态位的其他生物进行激烈竞争并最终胜出；另一种方式是寻找完全没有被占据的生态位，或者为了更有效地占据尚未被有效占据的生态位而进行自我调整"。⊖

企业进化角度的生态位是指企业在业务领域选定以及业务属性不变（物种不变）的前提下所处的市场环境。企业生存所需的最低市场容量，即市场环境最小阈值。企业动态适应环境的主要举

⊖ 赫伯特·西蒙. 人类活动中的理性 [M]. 胡怀国, 冯科, 译. 桂林：广西师范大学出版社，2016：53.

措,就是寻找更适合自身生存发展、更有前景的市场空间,好比牛羊群移向水草更加丰美的草原。从时间意义上说,"动态适应"意味着比竞争者更早地或者在更恰当的时点进入某个市场空间。

从实践角度看,企业在现有生态位基础上改变生态位,主要有以下三个方向或者三种情形。

一是下沉进入规模更大、产品(服务)价格较低的市场。这类市场在区域上,主要是城镇、农村;在顾客群体上,主要是中小型顾客或者收入较低的人群。拼多多就是这种战略路径成功的范例。克莱顿·M.克里斯坦森在"破坏性创新"模型中提出了与"下沉"异曲同工的"低端破坏"策略,即用"比较简单、更加便捷与廉价的产品,这对新的或者不大挑剔的消费者很有吸引力"○。低端市场(或次级市场)的竞争规则或关键制胜因素是:标准化(或半标准化)产品/服务、高效率供应链和渠道链以及成本领先能力。

二是向上进入规模较小、产品/服务价格较高的高端市场。这一市场的竞争规则或关键制胜因素是产品和服务的价值创新。高端化进化路径对于本来栖身于低端市场的中国企业来说,更有战略意义。无论是消费品领域还是中间工业品领域,许多企业长期被挤压在低附加值的狭窄空间内,没有什么发展前景。即便经营规模较大,但由于盈利能力低,企业也无法形成资源和能力的积累(通俗地说,就是长期家底薄、基础弱)。因此,需进行以顾客、产品/服务双升级为方向和内容的战略转型。什么是双升级呢?即顾客升级牵引产品/服务升级;而产品/服务升级又能推动

○ 克莱顿·M.克里斯坦森,迈克尔·E.雷纳.困境与出路[M].容冰,译.北京:中信出版社,2004:33.

顾客（客户）升级。从操作角度看，通常是顾客升级带动产品/服务升级。我国电子零部件产业的优秀企业，如歌尔声学、蓝思科技、立讯精密基本上都是按这条阶梯式路径成长起来的（先进入国内客户供应链，再进入国际客户供应链，最终进入全球领先客户供应链）。这条路径和中国企业的动态学习能力比较匹配。

三是扩大（或缩小）顾客范围和应用场景。扩大顾客范围，是指增加产品或服务的消费、使用顾客群体。例如，对女性化妆品进行配方调整，将其目标人群扩至男性人群。将原本医生专用的医疗器械朝小型化、便携化、智能化方向改进和创新，使患者能以自助方式使用。扩大应用场景，是指突破产品和服务使用场景约定俗成的规定，使其适合更多的应用情境。例如，对运动服装做时尚化、实用化改良，使之能适合旅游、办公、社交等多种场景。扩大顾客范围和应用场景，目的在于将市场容量扩大，其实现手段则是价值创新——针对新顾客、新场景提供新价值。与市场扩容相反，缩小顾客范围、应用场景是指对现有顾客群以及场景做进一步细分，并聚焦于更加细分的人群或场景。

改变生态位实际上就是改变目标市场定位。上面三种生态位改变方式，并没有囊括所有的改变目标市场的情形（顾客层次改变和场景创新叠加发生）。概要地说，改变生态位有四种路径和基本类型：向上（高端化）、向下（低端化）、扩大及缩小。从一般意义上说，它们本身并无优劣之分。不同生态位的位置及范围，各有利弊，也各有吸引力和难处，需要不同的生存策略和竞争能力。从实际情况看，在较高位置（较高层级市场）和较大范围生态位生存的，通常是竞争能力较强的优秀企业；但在较低位置和较小范围生态位生存的，未必是竞争能力弱的企业。在休闲服装领域，出现了一批面向中低收入消费人群的国际品牌（如 ZARA、H&M、优衣库等），它们具有高超的价值链运营技术和强劲的竞争力。

3. 改变竞争能力

企业在长期进化过程中，为适应和应对环境变化，需不断培育新的竞争力，并实现竞争力的转换。可以说，能力进化是企业进化最重要的内容之一。所谓竞争力（也称竞争能力）是企业在竞争中能够制胜的力量。它既有整体的呈现，也可以被分解为多个要素。本书第十三章对它们进行了较详细的说明。下面我们对企业渐变环境下的能力进化，提出若干建议。

第一，独特专长比平均能力更重要。非洲草原上的动物各有各的独特竞争力：豹子能瞬间提升速度，并能空中转向；鬣狗虽然长得难看，速度也不快，但奔跑时间长、耐力久；狮子善于组织化围堵，几头母狮子一起可以把一头大公牛干掉；大象就是块头大，它一出现，狮子也会躲开……如果速度比不上豹子，耐力比不上鬣狗，组织化比不上狮子，即使各项能力平均值尚可，在竞争残酷的生态中也会惨遭淘汰。在竞争越来越激烈的环境下，企业如果没有竞争者难以模仿的独特专长，如果独特专长不能与竞争环境动态契合，企业则难以生存。换言之，独特专长已成为企业生存发展的最低条件。独特专长包括价值/技术创新力、供应链成本力、市场敏捷反应力、顾客需求预判力等。

第二，能力构成中不能存在明显的短板。企业为适应未来竞争要求，一方面需使独特专长更具优势，另一方面需弥补特别明显、存在很大风险的短板。因为这些短板是竞争者攻击的主要目标，有可能成为导致全局溃败的堤坝缺口。像产品和服务的品质能力、交付能力，顾客服务能力，顾客关系维护能力等，这些能力不仅不能成为短板，而且要成为核心专长。长处更长，短处不短，意味着企业竞争力需具有整体性和一定程度的均衡性。更准确地说，除了核心专长，其他各方面都比较均衡。就像一支优秀的排球队，进攻方向需有撒手锏，但一传、拦网、连接、防反等环节不能有显著缺陷。

第三，不同方向的能力两极对称。复杂多变的环境，对企业能力培育、进化提出了多个方向的矛盾要求。即"既要怎么样，又要怎么样"：既要有发展能力，又要有抗击风险能力；既要有规模化高强度竞争能力，又要有灵活机动的能力；既要有差异化价值创新能力，又要有成本领先能力……如何实现竞争能力两极对称？通常有两种方法和途径：一是对不同的能力主体（团队及个人）开发不同能力。好比短跑队主要训练速度能力，举重队主要训练力量能力。具备不同能力的任务，由不同的能力主体承担完成。二是对同一能力主体，在同一个动作中，同时开发方向不同的两种能力，并将两种能力融合起来。这就好比训练篮球运动员高速进行中的投篮动作，使运动员的速度能力和投篮能力（稳定性）在投篮瞬间凝合；要求乒乓球运动员防守动作中蕴含着进攻意味，使防守能力和进攻能力合为一体。这样，企业有关能力主体，可以在同一价值创造行为和活动中，培育两种矛盾能力，实现双重目标。

企业在产品/技术开发过程中，沉淀、提炼、优化出产品/技术标准平台——这是一个能力开发行动（平台是能力的载体），既有利于产品/技术创新,也有利于降低开发成本,提高开发效率。

第四,长期能力是能力培育的重点。长期能力是影响长远的基础性能力,其载体是底层技术、核心技术以及流程体系等。环境中的短期变量越是变幻莫测,我们就越要关注噪声、波动消弭后的趋势性长期变量。企业关注长期变量,通常会引发长期行为,主要包括面向较远将来的业务布局和能力基础建设。企业长期能力培育的实际举措,如图 11-5 所示。

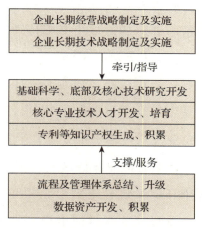

图 11-5　企业长期能力培育的实际举措

长期能力培育的中心任务和核心环节是技术的自主创新。长期以来,技术要素是我国大部分企业的外部变量——从外部引进,向外部学习。目前,随着国际环境变化,在从模仿到创新这条漫长道路上,模仿路段很多企业已经走完,而创新则刚刚开始。因此,我们要以超长周期(60~100 年)的眼光,认清相关技术发展趋势,以压强方式攻克技术难题,真正开发、积累一些基础性、平台性技术。

巨变中的自救措施

环境巨变，具有以下几个特点：一是突变。突然发生，使人们猝不及防。二是不可逆。突变之后，环境在较长时间内难以恢复。三是后果严重。突变常常使系统产生结构性的变化。四是复杂。系统突变的原因复杂、过程复杂、机理复杂；变化中的系统具有混沌属性。五是波动。一波未（刚）平一波又起，起起伏伏。如果波动在时间、空间上有一定的规律，那么它有一定程度的确定性；反之，它则是不确定的。从生态角度看，各类生物所处环境发生巨变，会使部分（甚至大部分）依赖于原有生态条件生存的物种不复存在——要么消亡，要么转换为其他物种。2020年初爆发的新冠疫情，就基本符合"巨变"的特征。这一事件对许多产业以及处于其中的企业（尤其是中小企业）产生了重大不利影响。到目前为止，我们还不能清晰地评估这一世纪事件对未来的影响，但企业无论如何都须在巨变过程中做出应变的行动。为了将来企业在遭遇类似的其他环境突变事件时能更好地应变，下面我们提出一些具有普遍意义的建议。

1. 发现极限生存模式

环境巨变时，企业的首要任务是"活下去"。因此，必须发现、找到极限生存模式。其主要特征是用最少的资源消耗，坚持最长的时间。这也是长期准备、以时间换空间的生存策略。与恐龙同时期的鳄鱼，不仅没有和恐龙一起灭绝，而且至今存活得很好。它能在河流、水塘、沼泽、荒原、丘陵多种环境中生存，并且可以冬眠；它主要躲在水下捕猎食物，消耗少，效率高。这是生物界大型动物比较典型的极限生存模式。

企业经营实践中，如果没有重大战略调整——停业、转行等，极限生存模式通常包括以下几个要点：第一，最小经营批量、最快市场回应速度、最小库存和最快周转。这四个"最"是相关联的，本质在于占用最少资金。第二次世界大战后，丰田汽车一度陷入了最大困境：负债巨大，资金几乎枯竭，公司被银行接管，劳资双方冲突剧烈。被逼到绝路的丰田汽车，创造出属于极限生存模式的、以消灭一切浪费为理念的"丰田生产方式"⊖：以销定产，零库存；产品品质卓越，有性价比优势；客户订单回应时间最短化；多品种"一条流"（一条生产线）；供应商"临时"供货；尽可能"少人化"……第二，最低定价。在市场困难的情况下，减少顾客代价，增强价格竞争力，保证销售流和现金流。第三，最小产品和服务单元。必要时将原先集成产品细分为局部产品或零部件，将整合性服务分解为细小的服务项目，减少市场经营的复杂性，压缩资源投放，更加聚焦于自身具有竞争优势的领域和环节；同时，使顾客代价更低，使交易结构更加灵活。

2. 稳住基本盘

在局部环境中，企业越困难，越要稳住基本盘。它们是企业核心经营要素，是企业未来东山再起或者进一步发展的基础。留

⊖ 大野耐一. 丰田生产方式[M]. 谢克俭，李颖秋，译. 北京：中国铁道出版社，2006.

得青山在，不怕没柴烧。企业核心经营要素主要有：第一，核心人才。他们是企业价值创造的支柱。企业困难时可能会裁员，但必须保持核心人员的稳定。第二，核心顾客。即最重要的战略性顾客。外部环境变了，但和核心顾客的关系不能变。患难见真情。特殊时期，对顾客表示关爱，为顾客提供帮助，有可能起到意想不到的效果。第三，核心合作伙伴。包括重要的战略性供应商和渠道商。当整个产业链或产业生态遭受冲击时，其中的成员，无论是不是产业链或产业生态的主导者，均需支援、回馈上下游合作伙伴，维系生态的活力。在产业链上有较大话语权的企业，应主动减少合作伙伴的负担，帮助他们渡过难关。

3. 建立有效联盟

越是困难的时候，越要发展同盟。突变之下，企业需建立广泛的合作联盟，创造有利的外部环境。联盟包括同业联盟、产业链（生态）联盟以及各种具有社会属性的联盟。通过联盟机制，企业可以共享联盟资源，求得联盟其他成员帮助，向外界发出自己的声音；同时减少、化解非合作、非友好因素的影响。

在所有联盟中，同业联盟是最难建立的。这就需要所有的同业成员，把握好竞争与合作的矛盾关系，减少零和博弈、负和博弈。同业联盟并不意味着消除竞争，而是意味着竞争时存在共同的底线和约定；在整个产业遭遇冲击、面临挑战时，它能整合分散的成员企业，以组织化的整体力量，保卫产业安全、维护产业利益。在巨大的生存压力下，有些企业可能采取激进的、极端的竞争方式，如在媒体上攻击对手，不惜代价争夺渠道，不计成本打价格战，等等，但这里面隐含着投机主义和非理性成分，通常不会产生预期的效果。

4. 做活边缘地带

边缘地带是企业平时不太关注、不太重视的经营领域，是主航道旁边的小溪小流——主流市场空间外的次级市场空间、主流产品以外的新产品品种或主流服务项目以外的新服务项目，以及企业过去想做但一直未能做起来或未能有效运作的一些新业务。当环境突变、主航道无水或缺水时，这些往常缺少吸引力的小溪小流就具有了战略意义——可以帮助企业活下去，以时间换空间。所谓"做活"，是指在边缘性领域形成价值流，取得一定的收益。例如，笔者熟悉的几家餐饮企业，主营堂食，无外卖服务。2020年上半年情势所迫，大力开拓外卖业务，在一定程度上缓解了现金流紧张的局面。

做活边缘地带往往是危机之下的权宜之计，是应对不确定性的摸索和尝试，但也可能由此开辟了新的主航道。原来的小溪小流有可能变成澎湃的大江大河。

PART4

第四篇

组织的能力和活力

资源密度

密度的含义

资源是顾客价值的基础和源泉。资源包括人力资源、资金资源、技术资源、文化资源、土地矿藏资源以及信息资源、数据资源等。其中，资金资源和人力资源比较特殊，前者是物质资源（土地、矿藏等）的通用等价物，后者是知识资源（技术、信息、数据等）的创造者。任何产品和服务，都是由各种资源融合生成的。资源的密度，意味着投入的强度，决定了顾客价值的大小强弱。显然，资源密度在一定程度上代表了企业的能力。提高和增大资源密度，是顾客价值增量从设定到实现的基本方法。进而言之，顾客价值持续迭代的过程，就是资源密度不断加大的过程。

这里的密度不是物理学的密度定义，而是从统计角度说的，意指单位空间、时间、事物（用 X 来表示）所包含的特定对象（用 Y 来表示）的密集程度。特定对象是指我们关注、计量和分析的要素、变量、场景、行为，等等。密集程度是每单位 X 所包含的 Y 的个数或出现次数。例如我们常见的单位面积或某个区域的人口密度、某个生态区域的生物物种密度、某条生产线的设备密度、某部电影的镜头密度、某本书中的信息密度等。

以往我们理解密度，大都与面积、体积有关，现在已有人提出时间密度[一]的概念。例如电视台主持人一段时间内的词语密度（语速）。有些读者或许会问，语速不是速度概念吗？将语速理解为密度，意指单位时间内所说词语的数量；而这些词语的形式、内容、发音都是不同的。当密度公式中的 Y 是同一事物时，我们或许只关注速度；而当 Y 是内部差异化事物时，我们还会关心其分布以及转换；这时密度就变成另外一个视角了。

密度这一概念，源于我国优秀企业的实践。有些朋友经常问我，华为销售团队的业绩为什么那么好？有什么秘诀吗？我问过几个在华为从事销售工作的朋友，他们都表示并没有什么一剑破门、一招制胜的独门绝技。据我的了解，华为区域办事处的销售人员经常就客户问题以及深化客户关系的具体做法、步骤、细节进行长时间的深入讨论，把相关问题想深、想透、想细，并制订极为周密的方案。我们经常羡慕华为销售团队所向披靡，其实每一个推广活动方案，每一次客户拜访行为，每一个沟通环节……都包含着巨量的智慧劳动。这就是密度——思考的密度、行动的密度。

[一] 户田觉. 时间密度管理术 [M]. 台北：麦田出版社，2010.

我们再把思路打开一些。很多读者听说过宇宙大爆炸理论。这种假说认为，浩瀚无边的宇宙，由一个引力奇点爆炸而来。随着温度变冷，宇宙体系不断膨胀，物质的密度则由密而稀地变化。奇点是物质、能量、空间和时间的压缩，它的密度无限大、热量无限高、时空曲率无限高、体积无限小。[一]由此，我产生了这样的联想：顾客价值增量是企业进化的起点，也可喻作企业系统扩展的奇点。从动态角度看，如果迭次出现的顾客价值增量所凝聚的多种资源及要素的密度越来越大，其市场边际优势、边际穿透力以及边际作用力也会越来越大。同时，企业演进的奇点是不断出现的（每次顾客价值迭代的结果成为新的进化的开始），其过程从理论上说，永远不会冷却。

我所接触过的一些企业，以往在较长时间的增量市场内成长，没有经历过重大挫折，以至于其领导人容易形成膨胀思维：追求业务领域扩张和经营体量扩大。面对未来的不确定性，我们可能更加需要奇点思维：将所有能量（尤其是认知能量）凝聚到顾客价值这一企业经营的原点上；在进化过程中，动态地将顾客价值增量作为进化的起点（每一次增量的实现，都是新一次迭代的开始）；围绕顾客价值增量以及与之相关的特定领域，进行资源的追加压强（资源投入的密度更大）。好比钉钉子，每一次敲击都比前一次用力更大。这种动态性聚焦和压强的战略思路，体现了持续攻克难题的锲而不舍的精神和不懈追赶的勇气。这恰恰是我国一些有投机主义倾向的企业所欠缺的。

[一] 雷·库兹韦尔. 奇点临近[M]. 李庆诚，等译. 北京：机械工业出版社，2015：10-11.

劳动密度

每单位商品中所包含的劳动量（或劳动力要素投入量）即为劳动密度，也可以理解为人力资源的密度。在所有的资源中，人力资源最具主观性，也最具弹性，是决定顾客价值的最重要的因素。增加劳动密度，是实现顾客价值迭代的基本方法和最可行的途径。它是企业中人人都需做、事事都需做、处处都需做的工作规范和行为习惯。劳动密度的决定因素及表达式为：

$$劳动密度 = \frac{劳动者人数 \times 劳动时间 \times 劳动形态 \times 劳动强度}{一定数量的产品和服务}$$

上式中，分母"一定数量的产品和服务"是企业价值创造活动的成果。"一定数量"是有弹性的。也就是说，我们可以考察大批量产品和服务的平均劳动含量，也可以考察某个特定产品和服务的劳动含量。"产品和服务"可以置换为"价值创造行为/事件/项目"，意在考察产品和服务价值创造过程中的某个环节或某项活动，如研发、制造、销售等。同样，它们的范围根据需要可大可小。以某产品研发活动为例，我们可以考察该产品整个研发活动（项目）的劳动密度，也可以考察其中某个子活动/项目（以及子子活动/项目）的劳动密度。

上式分子中的"劳动者人数"，根据企业各项价值创造活动的实际需要而定。随着劳动生产率提高以及智能制造、智能服务进一步发展，企业各项价值创造活动所需的劳动者数量均会减少，因此，劳动者数量不是影响劳动密度的主要因素。"劳动时间"具有一定的弹性。真正竞争强度大的行业，员工的劳动时间几乎已到极限，将来不仅不能增加，反而有可能缩短。它同样也不是影响劳动密度的主要因素。

"劳动形态"是指劳动的属性和特征，通常分为简单劳动和复杂劳动。前者是体力类劳动，后者是知识类或智慧类劳动。总的来说，在我国几乎所有行业、所有企业劳动总量中，简单劳动的比例均会下降，而复杂劳动的比例会上升。因此，增加劳动密度的重要途径是增加复杂劳动的比重。

在劳动者数量、劳动时间以及劳动形态都是常量（保持不变，或假设其不变）的情形下，影响劳动密度的主要因素是劳动强度。这里的劳动强度不能望文生义地理解为劳动的艰苦程度，而是主要指属于复杂劳动范畴的认知强度和行为强度。撇开劳动者数量、劳动时间以及劳动形态等因素不论，劳动密度等同于认知密度和行为密度。

由此可见，我们重视劳动密度，与是否主张劳动密集型产业并无直接关系。劳动密度这一概念可以解释劳动密集型产业，但在当今的语境下，它更指向知识型、智慧型产业。

认知密度和行为密度

产品和服务的改进和创新，往往会面临天花板。尤其很多早已进入成熟期的产品和服务，其价值形态已经相对固化、较为完美了，在原有基础上的微小改进和创新往往也困难重重。好像田径赛中的男子 100 米短跑项目，冠军已经跑进 9.9 秒之内了，哪怕再进步 0.01 秒，也是异常艰难的。但是，绝大多数行业及企业，顾客价值的进步是永无止境的；价值链的各个环节，无论是设计、开发，还是采购、制造，以及交付、服务、客情等，都有或大或小的改善、创新空间。关键在于有没有投入足够的时间和人力深入、持久、高效地钻研和讨论，能不能打破认知的极限。

心理学意义上的认知是人作为主体了解、认识、理解事物并产生联想、创意的思维过程。认知密度是顾客价值增量设定（企划、设计）和创造过程中每一个方案、每一个动作中所包含的认知和思维强度。我们在观看乒乓球顶级国手如樊振东、马龙等人的重要国际比赛时，有时会听到教练员提醒运动员，注意每一板的战术含义。也就是说，每一个球的处理都要体现战术意图，都要产生战术效果。这就是运动员比赛中动作背后的认知密度。

认知密度与认知、思维的准确程度及完备、周密程度有关，主要有以下几个衡量标志。

第一，认知时所考虑的变量、数量及范围。考虑的变量越多，认知越全面、越细致。

第二，认知时对变量之间相互关系和联系的认识。能否理解变量相互关联、共同产生某种结果的机理和逻辑；能否找出影响面广、牵一发而动全身的主要变量以及敏感变量（这些变量往往不引人注目，但常常产生重大影响）。

第三，认知时的整体性、系统性思维。能否理解整体和局部的关系；能否理解系统的动态变化以及变化的驱动因素及机理；能否洞察事物发展、演变的趋势。

第四，认知时对事物概率的判断。能否以事物概率为依据做出预案和准备。

第五，分析问题以及归因思考时对因果链长度（层次）的认识。能否避免因果链过短以及归因不当的认知缺陷。

第六，决策时备选方案的完备及决策的理性程度。有没有列出所有可行方案，选择时是否受到个人偏好、情绪等非理性因素影响；能否遵循价值工程原则选出合适、最佳的答案。

第七，解决问题算法的精准性。能否根据问题的性质、特征选出合适的算法（解决步骤）；是否形成各种案例的算法积淀（经验积累）；是否善于概括解决问题的模型。

第八，认知时分析范式的转变。出现认知瓶颈时，能否归空、归零思考；能否升维、变维（从更高的视野，或运用不同的分析框架和范式）思考；能否灵感化、艺术化思考；能否构建创新性顾客价值谱系。

认知密度除认知的准确程度以及完备、周密程度外，还包括认知时的精神强度：专心致志、锲而不舍、殚精竭虑、不折不挠等。如果你能将这些都做到，往往就能迸发创意火花，产生顾客价值创新的思路和方案。认知产生能量，认知创造价值；认知强度增量是顾客价值增量的来源。苹果创始人乔布斯的禅思，催生了智能终端产品手指滑动式的全新顾客体验。英国家电品牌戴森（Dyson），长期致力于"用科技来简化人们的生活"，其标志性、符号性产品吸尘器，几乎每一代新品从外观到功能都让人惊艳，都会引领时尚潮流。日本丰田汽车的工程师大野耐一，受到寿司店的食品转盘以及美国超市货品管理方式（依据顾客取货的品种及数量不断补货）的启发，在丰田生产模式的基础上，创造了整合多个车型、准时化、拉动式的丰田生产模式，为全人类工业文明的进步做出了贡献。可以说，认知密度代表了劳动者的创新力和创造力。

　　与劳动强度相关的劳动密度，除了认知密度，还有行为密度。它与时间有关，通常表现为一定时间内的各种动作的次数。好比一个演员，在一个瞬间表达复杂、强烈的情绪和情感时，会有多种细微的表情。行为密度也可以表现为某项任务中的动作次数，以及动作内部分解的细致程度等。在生产作业领域，行为密度包括一定时间内的某个动作的节奏以及工作切换次数，每个动作中的细节含量及精细程度（例如一位老工人拧螺丝时力度的变化：稍轻、稍重、加重、最重、变轻、最轻……），以及动作规程的复杂程度，等等。从市场操作角度看，营销人员在一定时间内拜访客户的次数，在某个商场举办促销活动的次数，与顾客社群成员互动的次数，以及管理零售终端（店面、柜台、专区等）的步骤……都属于行为密度的范畴。在研发活动中，行为密度包括技术问题的讨论次数、为了特定目的进行的试验次数、检测操作方案的步骤及复杂程度，等等。

　　随着智能制造和工业4.0的推进，生产作业等领域一线人员的简单劳动的强度将会逐渐下降，但和认知密度融为一体、高度依赖计算机及信息系统、高责任、高敏感性（每个动作与整体系统的关系较大，稍有不慎后果严重）的行为密度不会降低，有可能越来越大——如同飞机机长的动作。

　　认知密度和行为密度既是数量指标——衡量劳动力要素投入量的大小，也是质量指标——衡量劳动力要素投入效率、品质的高低。影响认知密度和行为密度的因素主要有三个：一是认知和行为主体（劳动者）的素质；二是劳动者的意愿和投入程度；三是将劳动者组织起来学习、讨论、研究问题的管理行为和机制（这是因为企业中劳动者的认知及行为往往采取组织化的合作形式）。后两个因素涉及组织文化和组织学习，将在本书第十七章和第十三章中做分析和说明。

其他资源密度

本章我们重点分析、说明了劳动及人力资源密度。除此之外，与顾客价值创造相关的资源还有资金、技术、数据等。在企业进化、成长过程中，同样需要不断提高这些资源的投入强度即资源密度（精准地表达，就是单位产品和服务中所包含的资金/技术/数据等）。目前，随着科技进步，几乎所有行业都具有资金密集型、技术密集型、数据密集型属性；对企业来说，这些资源的助推作用、加速器作用以及杠杆作用比以往更为显著。

1. 资金密度

不同的行业有不同的资金密度要求。随着各个行业竞争强度的增加，几乎所有行业的资金密度都在增加。凡致力于长期成长的企业，均需有长期资金计划，根据需要安排多元融资渠道和方式：股权融资、负债融资等。华为发展过程中，初期在资金极度缺乏的情况下，采取了内部股权融资（员工持股）的方式。TCL集团在进入液晶显示领域的战略转型之时，吸引了深圳市政府的投资。当下我国芯片设计、加工等科技型企业正在努力爬坡，需要长期、巨额的资金支持。我们观察国内一些优秀企业,有一个共同的特点是:在从机会成长阶段向系统(能力)成长阶段转型时,成功在资本市场上市,使转型有了相对宽松的回旋空间。目前,多层次资本市场、市场化的注册上市制度,为优秀企业引入战略投资、获取低成本资金创造了条件。目前,一些企业在融资和资金使用方面的主要问题是:负债率偏高,常常将短期负债用作长期投入;资金投向过于分散(业务盲目多元化所致),导致核心业务(主航道)的资金密度降低;实际控制人持股比例偏高,不利于员工持股和引入外部战略投资者,同时不利于完善治理结构。这些都是企业长期发展中的风险。需要特别说明的是:提高资金密度并不意味着由高负债率所支撑的过度投资,它强调对核心业务、核心产品以及核心技术的资金压强;同时,为保障可持续成长,务必重视和保证企业具有良好的经营现金流。

2. 技术密度

长期以来,技术是我国大部分企业的资源短板。这一方面是因为许多企业起点低、基础弱;另一方面是因为成长过程中不重视技术因素,过于关注短期竞争,过于追求规模膨胀,遇到技术难题缺乏坚持不懈、坚韧不拔的精神。除此之外,还有一个重要原因是管理能力和管理水平低下,不能有效管理知识型工作者。技术密度与劳动密度有关,无论是外部技术的消化吸收,还是自主技术的突破,都与知识型工作者的劳动分不开。中国优秀的知识工作者如此众多,企业只要朝着一个方向持续进行人力资源压强,假以时日必定能取得突破和成果。对致力于技术创新的企业来说,需制定长期技术战略，选择正确的技术路线，做好开发项目规划和计划，完善研发流程和项目管理体系，激发知识工作者的自主性和创造性，使研究开发活动在高效、顺畅的轨道上运行；同时，打开企业边界，积极与外部进行技术交流和合作，引进、吸收企业所需的关键技术。在指导思想上，不好高骛远，不投机取巧，按照从模仿到创新、从边缘技术到核心技术的路径，脚踏实地推动技术进步。

3. 数据密度

企业内外各种数据浩如烟海，而数据资产是企业可利用的、对顾客价值及其增量产生有积极作用的数据。目前，有两类数据值得企业关注：一是与顾客相关的数据，既包括静态的顾客档案、数据库，也包括动态的顾客意见、行为等。这些数据可以帮助企业更好地理解顾客的特点，更加精准地分析和预测顾客的行为，从而使产品和服务更加贴合顾客的真实需求。如果数据能把顾客的微妙心思和隐性愿望显现出来，那么产品和服务的价值构成中将会有这些数据的投射，数据资产的含量将在细节中得到体现。二是企业价值创造过程中，即价值链运动中或价值流流动中，在相关信息系统以及其他载体中记录、积淀下来的数据。这里的价值链和价值流，包括企业内部研产销诸环节，也包括上游供应链、下游渠道（流通）链以及服务链。价值链数据与优化价值链协同方式、提高价值链运行效率有关，是企业价值活动实现自动化、柔性化、智能化的关键驱动因素。这类数据密度的提升，标志着企业运行机制、组织形态以及能力结构的整体变化。

除了上述资源密度外，有些日本企业还提出了运营密度和操作密度的概念。就我理解，这些密度不是用来衡量资源投入的强度，而是指向资源的使用效率以及有关价值创造环节及活动的复杂程度。例如，生产设备的空间密度——反映了生产设备的集约程度以及空间利用程度（笔者参观过的一些企业，厂房体量过大，设备排列稀松，造成直接、间接成本增加）；供应链体系的品种密度——反映生产和物流体系的品种容纳及柔性程度；职能平台的支撑密度——反映某项专业职能（如品质管理、工业技术管理、财务管理以及人力资源管理等）所能支持的业务数量以及相应的BU（经营单位）数量；技术平台的支持密度——反映某一平台型技术及其组织单元所能支持的产品、服务数量；等等。

由此可见，密度可以涵盖企业价值创造活动的多个环节，可以适应多个管理层次（从宏观密度到微观密度），且容易计量评价，是一个非常好的管理概念。未来，有可能形成密度管理学。

资源密度与成本、收益

有的朋友也许会问：增加包括人力资源、技术、资金、数据等在内的资源投入强度，会不会增加产品和服务的成本，影响其盈利？运作得不好，当然有可能出现这种局面；但如果运作得好，反而会出现与之相反的局面。

第一，增加产品和服务的资源含量，有可能增加产品和服务的顾客价值含量，使其获得较高的顾客评价，从而保持较大的毛利（附加值）空间。近年来，消费品领域的一些新锐品牌如

Method、Joe Boxer 等，因设计含量高，在大超市里跳出了价格战的泥淖。资源密度较大，意味着产品和服务的竞争壁垒较高，有可能得到超越竞争的超额利润。资源密度不断增加，顾客价值不断迭代，产品和服务在其生命周期的成长、成熟阶段，边际收益未必下降。

第二，增加产品和服务的资源含量，有可能降低产品和服务的单位平均成本。首先，几种资源之间有相互替代效应，尤其是技术资源、数据资源会替代人力资源。正如本章前面所说的，我们所关注的劳动/人力资源密度，主要是排除劳动者数量、劳动时间后的认知密度和行动密度。而它们与人的素质和对工作的投入程度有关；这两种劳动密度增加，并不必然导致劳动成本增加。其次，密度增加，本身意味着效率提升；所有资源投入强度增加，都是为了使价值链运动速度更快、产品品质更精良、目标指向更精准。很显然，效率高了，总成本就有可能下降。笔者曾比较过几家家电上市公司的报表，发现人均薪酬高的反而盈利能力强（如美的集团）。最后，提升劳动者素质——优化人员结构、提高个体技能等，有可能引发人力成本增加，但是可以通过分享机制的设计安排，降低人工成本，提升激励水平。[一]分享机制包括员工参股机制（合伙人机制）、利润分享机制、项目承包机制等。

经济学家发现，人力资本与物质资本相比，具有收益递增的特点。这正是增加人力资源密度，尤其是知识型、智慧型人力资源密度的理由。

[一] 马丁·L 威茨曼. 分享经济——用分享制代替工资制 [M]. 林青松，等译. 北京：中国经济出版社，1986.

CHAPTER13
第十三章

战略性人力资源开发

能力的组成要素

企业进化过程中,无论是顾客价值迭代,还是扩张和应变,都离不开能力的支撑。第十一章"渐变环境下的战略转型"中,我们曾给能力做过定义:竞争中制胜的力量。也就是说,有了这些力量,企业在竞争中就能够取得胜利。

企业竞争能力的主要特征,如下所示。

第一,外在性。能力只有通过外部竞争才能显示。一个拳手只有登上赛台、经过比赛才能证明自己的能力。这也意味着能力是相对的,即只有在与竞争对手的比较中才能被鉴别和测度。可以这样说,竞争能力由外部定义。

第二,价值性。能力是企业价值创造以及在价值关系上超越竞争对手的支柱和基础。某些能力要素是顾客价值的源泉。

第三,整体性。能力是一种组织效能,它与构成组织的全部因素有关。能力的提升,是一项整体性的系统工程。

第四,结构性。能力具有多种载体,由多个要素所组成。企业能力系统可以分解为各种具体的子系统。

第五,动态性。能力不是静止、固化的,随时空条件、环境的变化而变化。这也说明,能力始终处于和外部竞争要求的调适之中。

企业竞争能力,就其结构而言,由四类资源和要素组成(这里参考了组织智慧资本模型[⊖]),如图 13-1 所示。

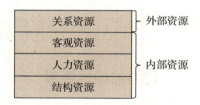

图 13-1　企业竞争能力的资源组成

关系资源主要是指企业外部价值链及价值网络上的顾客资源、供应商资源、渠道资源、社交网络资源以及其他合作伙伴资源。互联网时代,随着组织边界的开放,这些资源越来越具有内部属性,可以说是外部资源和内部资源的混合体。

客观资源是独立于组织主体(人)之外的作为客体的资源,是组织主体(人)开发、积累和使用的对象,包括资金资源、技术及知识资源、土地资源、信息资源、数据资源、历史文化资源等。

人力资源是企业中创造顾客价值及业绩的各类主体,包括管

⊖ 陈柏村. 知识管理 [M]. 台中:五南图书出版股份有限公司,2006:305-306.

理人员、专业技术人员、作业人员等所有人员。与人力资源相关的概念是人力资本,其内容主要是指各类主体与价值创造相关的能力(狭义能力),包括未转化为显性知识的隐性知识、技能以及价值观、精神状态、投入程度等。

结构资源是把企业内部资源和外部资源、客观资源和人力资源集成、融合、连接起来,使企业系统输出价值的程序和方法,表现为组织文化、治理结构、领导体制、决策机制、业务流程、管理规范和制度以及管理技术、管理工具等。结构资源与客观资源中的技术/知识资源,与人力资源都存在交集。如果某些起结构功能的程序和方法已沉淀、转化为显性知识,或表现为信息系统软件,那么它们就是技术/知识资源的组成部分。如果某些结构资源以隐性知识形态依附于具体的主体(人),那么它们就属于人力资源。

企业竞争能力的主要载体是人力资源以及软性、无形的资源(技术、知识、信息、数据等)。而人力资源具有能动属性,是其他资源的开发者、创造者,因此在企业资源体系中具有核心地位。

战略与能力的配称

迈克尔·波特曾在其著名的文章"什么是战略"中提出战略配称[一]的概念。其主要含义是整合价值创造活动,使其与战略定位相一致。在战略配称的基础上,我们衍生出能力配称模型(见

[一] 迈克尔·波特. 竞争论[M]. 刘宁, 高登第, 李明轩, 译. 北京: 中信出版社, 2009: 51-55.

图 13-2)。

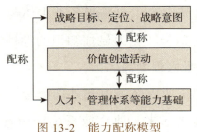

图 13-2 能力配称模型

能力与战略的配称,表现为以下两个层次。

一是能力与战略目标、定位以及战略意图之间的直接配称。主要体现在:首先,能力基础与机会选择之间的一致性。企业进入新的业务领域,或进行业务扩张,都需有能力支撑(包括企业家人才、技术、资金、管理体系、信息系统等能力要素)。换个角度看,企业无论是内部培育新业务,还是以收购兼并方式进行扩张,都受到能力条件的约束。其次,战略方向与长期能力建设之间的一致性。企业长期能力进化受战略意图牵引;同时,长期能力提升,可以促使企业有更长远的战略视野和意图。

二是能力通过与价值创造活动配称,间接与战略配称。主要体现在价值创造活动各环节与各专业能力之间的配称。下面我们通过企业能力大厦(见图 13-3)将价值创造活动与能力支撑一一对应起来。

图 13-3 对能力的分类,笔者在借鉴迈克尔·波特的价值链结构的基础上,采用了《管理架构师》中的企业价值创造活动分类框架。⊖

⊖ 迈克尔·波特. 竞争优势 [M]. 陈小悦, 译. 北京: 华夏出版社, 1997: 33-60.
施炜. 管理架构师 [M]. 北京: 中国人民大学出版社, 2019: 31-40.

企业竞争能力整体测度		
产品/服务市场竞争力	竞争中的力量	指标测度
市场地位 顾客认可、满意程度	反应速度 竞争动作强度	利润率 现金流 周转速度等

价值流能力		
研发能力	供应链能力	营销能力
需求分析能力 新产品创意开发能力 应用技术开发能力等	成本能力 品质能力 柔性能力和交付能力等	市场策划和推广能力 品牌运作能力 渠道开发管理能力等

要素流能力			
人力资源开发 管理能力	基础科学和技术 研究能力	资金筹措、使用 与管理能力	数据资产开发 管理能力

支持性职能能力					
财务 管理能力	信息系统 管理能力	审计 管理能力	行政 管理能力	法务 管理能力	公共关系 管理能力

图 13-3　企业能力大厦

企业能力大厦中的任何一种能力，均可进行能力要素的分解，形成能力要素的组合。例如，研发能力可分解为物质资源（资金、设施等）、知识资源（专利、技术诀窍、管理体系等）、数据资源（数据规模、结构、形态及算法、算力等）、人力资源（数量、构成、素质、专业技能等）、外部价值网络资源（技术、信息供应链、合作伙伴等），等等。

沿着能力分解的思路，我们可以将价值创造更加细分的活动环节，与细分能力要素进行粒度较小的匹配；在围绕战略任务的落地举措中，将能力要素的开发、配置等包含进去。例如，某企业按照战略规划，拟设立"中央研究院"。针对这一战略任务，我们可以制订能力匹配方案（见图13-4）。

关键任务：设立中央研究院

需求/标准	基础设施	软件	技术	人员数量	人员构成	核心人才	领导者	其他

对比（数量、结构、品质等维度）、发现差距

现状/基础	基础设施	软件	技术	人员数量	人员构成	核心人才	领导者	其他

弥补差距

相关举措	追加资金、技术等要素投入，完善基础设施及软件配置	引进年轻开发人员	延揽核心人才	加强培训开发	公开招聘研究院院长	其他

图 13-4　针对战略任务的能力配称方案

超级人力资源计划

我们在第十二章中提出了劳动密度的概念。劳动密度对中国企业的进化和成长具有特殊意义。大部分中国企业技术薄弱、资金不足。在决定业绩增长的资源中，只有人力资源是我们的优势。改革开放以来，我国一批优秀企业主要依靠劳动投入和劳动积累，从无到有、从小到大、从弱到强，成为全国乃至全球的头部企业。在劳动密集型行业，我国年轻、勤劳、主要来自农村的众多产业工人，是产品和服务比较优势的来源。在技术密集型行业，我国大量受过高等教育的、年轻的知识工作者，是实现技术追赶、积累技术基础的主要力量。华为通信管道产品，在全球市场一直具有性价比优势，其背后最主要的支撑因素就是高素质、高性价比的人力资源。

顾客价值的大小很大程度上取决于劳动密度的大小，顾客价值增量主要来源于劳动密度的增量。因此，我国企业应树立这样的理念：劳动的主体——劳动者（人力资源），是企业最核心、最

重要的战略性资源，人力资本的增值是企业最主要的战略任务及战略活动。但是令人费解和遗憾的是，尽管早在20年前《华为基本法》中就提出了"人力资本优先增长"⊖的主张，但许多企业并没有借鉴和践行，当外部市场增量机会逐渐消失之后，它们陷入了能力（人才）陷阱——人力资源成为制约其业绩增长以及转型成长的主要因素。

正是在这样的背景下，笔者提出企业"从机会型成长转向系统（能力）型成长"的时代命题。⊜在此，笔者建议，凡欲走出"能力/人才陷阱"的企业，需实施超级人力资源计划（行动方案）。所谓"超级"，是指战略上高度重视（放在首要位置），在行动力度上超越行业乃至行业外绝大多数企业。有些中小企业的领导人或许会问：和领先企业相比，在人力资源市场上自己处于劣势，如何实施超级人力资源计划？实际上，中小企业更需实施超级人力资源计划，可以未来预期、分享机制、文化因素吸引人才。极度重视、极度努力（好比刘备三顾茅庐），将现有吸引人才的条件和资源用到极致并整合企业之外的有关资源，再加上一点运气，就能获得优秀人才。而运气常常伴随着努力出现。中小企业缺少人才，主要原因在于重视程度不够，策略智慧不够，动作强度不够——认知密度、行为密度不够。

超级人力资源计划的主要内容有以下几条。

第一，企业领导者遵循以人为本的理念，高度重视人力资源开发和人力资本增值，将主要精力花在人才的引进、配置、培养、

⊖ 黄卫伟. 走出混沌 [M]. 北京：人民邮电出版社，2000. 西奥多·W 舒尔茨. 论人力资本投资 [M]. 北京：北京经济学院出版社，1990.
⊜ 施炜，苗兆光. 企业成长导航 [M]. 北京：机械工业出版社，2019.

激励等工作上面；在内心深处切实尊重人才、珍惜人才和爱护人才。同时，将以人为本的理念转换、体现在保障员工权益、促进员工发展，以及使个人目标与组织目标相统一的制度、政策层面。

第二，明确企业成长的战略目标和战略路径；将现有人才基础与战略进行配称，发现两者之间的缺口，在此基础上制订并实施与战略相匹配的能力提升和人力资源开发方案。

第三，坚持内生培养为主的人力资源开发模式。招聘素质较高的大学毕业生以及外部年轻人才，逐渐改变不适应未来企业发展要求的人员结构。在长期合作过程中，建立信任关系，布局人才梯队。

第四，建立人才能力的阶梯式标准和结构性、系统性的培训、培养体系，通过长期性、战略性的开发活动，使人力资本持续增值并形成行业优势。致力于将员工锤炼成能打胜仗的各级指挥员、指战员，以及所在领域、所在专业及与其职位、角色相关的专家（既包括起全局性作用的大专家，也包括基层、一线较小范围内解决问题的能工巧匠）。

第五，花大力气、大代价引进与顾客价值创造关联度较高的核心人才和高端人才，并且妥善使用，确保他们在新的组织环境下存活和发展。企业所有资源都需跟着核心人才、高端人才走，即人在哪儿，其他资源就配置到哪儿。

第六，重视"关键少数"（干部）管理，构建公平、公正以及赛马型的干部评价、任用机制。按照实践中选干部的理念，选拔、重用真正能做事情、能取得成功的干部。同时，需重视年轻干部的使用。

第七，运用目标管理等管理工具，将战略目标和举措进行分解，使个人目标和企业整体目标相统一、个人行为和企业整体战略动作相契合。

第八，对全体员工从业绩、能力、价值观等维度进行公正、科学的评价，发现德才兼备的优秀人才，淘汰不创造价值的人员，保持组织的张力和活力。

第九，保持薪酬竞争力，提高利益吸引力。运用薪酬杠杆快速提高员工平均素质；在较广泛的范围内实施员工持股及合伙人计划；采用多种利益分享机制，真正使企业与员工利出一孔。在分配要素的结构上，逐步提高知识、劳动等非资本要素的分配比例。

第十，从人力资源有效开发、配置和人力资本增值的整体角度，构建并迭代人力资源管理流程、制度以及工具、方法体系平台；为员工发展提供契约化舞台，形成茁壮成长、生生不息的土壤。其中，将任职资格管理体系和领导力管理体系作为员工选育用留的基础。

第十一，在共享的同时，实现企业创始人、投资者、管理层多主体共治，形成具有中国特色的混合型治理模式。通过共治机制，使核心人才及高端人才能够承担较大责任，获得更多机会和更大职权，拥有施展才能、建功立业的更大的舞台。这种参与性激励，对这些人而言，可能与利益激励同等重要，甚至更为重要。

第十二，营造公开、透明、包容、开放、公正的文化氛围，为员工提供成长以及成就事业的良好生态。这是企业人才生生不息、企业基业长青最重要的内在原因。

需要指出的是，超级人力资源计划超越了一般的重视人才的理念，超越了仅仅把人力资源作为一种有用手段和工具的认知。它所主张的，是汇聚一群有理想、有抱负、有才华的创业者和合作者，打造特别能战斗的铁军。它所依托的，是高超的人力资源管理和团队建设能力。

内生人力资源开发模式

我国的优秀企业，如华为、美的、汇川技术等，其人力资源开发有一个共同的特点和经验，是招录、培养、使用"学生兵"（大学毕业生及大学毕业不久的年轻人；有些企业把学生兵称作"管培生"）。可以简称为学生兵模式。这和国外一些著名企业的做法形成显著的差异。谷歌（Google）、奈飞（Netflix）等企业的用人标准是"创意精英"[一]或"成年人"[二]。

从人力资源开发、管理角度看，学生兵有哪些优点呢？

第一，起薪比较低。比如企业招一位"大鱼"——资深职业经理人，年薪可能要200万元，但用同样的钱能招10个年薪20万元的博士生。对很多企业来说，这个人力资源的性价比是很明显的。

第二，素质有保证。高考制度是有效的，通过高考，至少学生的智商、认知能力经过了筛选——情商不好说。从我们某些企业干部评价的结果看，在认知逻辑这一方面，没上过大学的分数大都较低。这说明缺乏高等教育造成的认知局限，对一般人来说，在工作过程中是难以弥补的。

[一] 埃里克·施密特，等. 重新定义公司 [M]. 靳婷婷，译. 北京：中信出版集团，2015.

[二] 帕蒂·麦考德. 奈飞文化手册 [M]. 范珂，译. 杭州：浙江教育出版社，2018.

第三，易于接受企业文化。总的来说，大学生单纯而热情，价值观可塑性强，往往对企业文化理念由信而行，好比一张白纸可以画出美丽的图画；同时，他们对企业的感情较深——有点像初恋。

第四，适用领域宽阔。进入企业之后，可以多工作频道转换。企业从外面招录一个50岁左右的人，他的能力基本上已经固化了，很难再转换专业。而学生兵不管学什么专业，只要学习能力强，未来能胜任的业务领域就很宽广，有进一步培养、塑造的弹性空间。

第五，学生兵中间有隐性的"大鱼"，即未来的企业栋梁人才。这是学生兵最主要的价值。他们并不知道自己是"大鱼"，因为刚走出学校大门的学生对自己往往缺乏认知。得到未来"大鱼"的企业，就获得了未来成长的保证。

学生兵也有明显的缺陷，主要体现以下几方面。

首先，学生兵流失率通常较高。有一家上市公司做人才盘点，发现五年前招来的大学毕业生，到目前已经流失了85%。这个数据告诉我们，实际上企业为学生兵付出的总代价并不低。虽然有这么大的流失率，但这家企业堪以告慰的是，留下的那15%全部都成了经理以上的干部，成了企业的中坚力量。由此看来，企业像一个无形的筛子，把学生兵中好的人才选出来了。

其次，企业需帮助学生兵实现社会化。这是一个艰难的过程，也是一个难题。在应试教育背景下，很多学生从小到大两耳不闻窗外事，一心只读考试书。在大学毕业、硕士甚至博士研究生毕业的时候，他们的社会化其实还远远没有完成。社会化包括认知自我、认知他人、认知社会，与社会和谐相处；在工作和生活中确定自己的角色，发现自身对于社会的价值等。

学生兵模式是内生的、半市场化的人力资源开发模式。与之相比，外部市场化模式有明显的优点：首先是人才获取的效率高。今天去招聘，可能明天人就来了。其次是人才的适用效率高。合适的人一来，马上就可以工作。但它的缺点也是明显的，主要表现在信息不对称、期望差距和价值观磨合这几个方面。对于企业，主要指民营企业，创始人与外部引进的职业经理人的期望差距、文化冲突，笔者在《重生：中国企业的战略转型》一书中做过详细的分析，这里便不再赘述。㊀

信任边界的扩大

我国一些优秀企业之所以选择学生兵及内生人力资源开发模式，与企业组织中的信任因素有关。㊁在我国传统农业生产方式下，家庭是社会基本生产单元，信任的边界很狭窄（血缘关系之内），且呈现出"差序结构"㊂——随着缘分浓度的稀释，信任程度下降。缘分浓度最高的是血缘，依次是亲缘、乡缘、师缘、同窗缘等。改革开放以来，我国民营企业创业时，通常以内缘方式组建核心团队。所谓内缘，就是指内部缘分，从血缘到亲缘、同学缘……之所以如此，是因为只有"内缘"才能解决信任问题。我国许多民营企业的家族制治理方式，既有历史必然性（传统文化基因），也有现实合理性（信任边界之内的内部交易成本较低）。

㊀ 施炜.重生：中国企业的战略转型 [M].北京：东方出版社，2016：262-263.
㊁ 福山.信任：社会美德与创造经济繁荣 [M].郭华，译.桂林：广西师范大学出版社，2016.
㊂ 费孝通.乡土中国 [M].上海：上海人民出版社，2006.

内缘式的团队结构、狭窄的信任边界，显然不能适应企业成长的要求。换言之，企业欲做大做强，必须不断放大信任的边界。但在目前的社会文化环境下，将信任边界扩大到外部市场上的"陌生人"，是许多民营企业无法接受的。一方面，某些民营企业家觉得风险过大——许多现实事例教育了他们；另一方面，管理职业经理人超出了部分民营企业家的心理承受力和领导力。而以内生模式与学生兵合作——放在身边、长期培养，察其言、观其行，从中选出核心及骨干团队，将信任边界逐渐扩大（见图13-5），逐步突破内缘式人才吸纳的制约，对许多民营企业来说，是一种合适的选择。民营企业家与长期合作的学生兵之间的关系，是类父子关系和类师徒关系，他们彼此的信任比较稳定和长久。

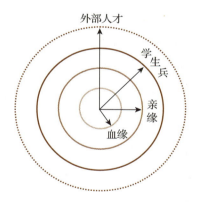

图 13-5　民营企业信任边界的扩大

学生兵培养解决方案

一些民营企业借鉴华为、美的等企业的人才开发经验，开始招收学生兵。但大学生招进来之后，流失严重（一批批进来，一批批出去，几番下来，企业领导者一点信心都没有了）；即使留下来的，也未能成为担当重大、重要责任的栋梁之材。学生兵的培养（包括使用）是一个系统工程，需要形成整体性、长期性的解决方案。欲将学生兵打造成铁军，就需设置培养学生兵的组织机制（见图 13-6）。

图 13-6　培养学生兵的组织机制

图 13-6 中，绩效机制是目标责任机制；分配机制是评价和利益分配机制；使用机制是选拔、任用机制。这三种机制属于组织中的动力机制。培养机制是训练、开发机制；文化机制是组织的导向、规则和氛围等；领导风格是指影响学生兵成长的领导者行为特征。这三种机制属于组织中的赋能机制。动力机制和赋能机制构成了学生兵成长的必要条件和充分条件。

下面我们对企业如何培养学生兵，提几条具体建议。

首先，根据企业战略，制订合理的大学生（包括刚刚毕业两三年的毕业生）招录计划。不要搞"大呼隆"，而要循序渐进，不断积累经验，根据需要逐渐扩大数量；同时，制定精准的校招策略：选择哪些学校、哪些专业，采取什么方式接触学生，如何做好推广沟通，如何与校方形成伙伴关系……尤其注意在学校选择上不要好高骛远（别动不动就是清华、北大），而要根据企业实际情况确定合适的选项。

其次，建立学生兵素质模型，从严把关，挖掘真正的高潜力人才。大学生群体比较特殊，内部素质差异较大——一方面是因为现行高考制度难以粒度较小地分辨学生素质，另一方面是因为学习成绩不能完全证明素质和潜力。在此情形下，务必找到有效的途径和方法，把大学生中的优秀者识别出来。可以将融入大学生毕业前的学习研修活动前置（在学校里开设相关课程，与学校联合开展研究及实验活动）；可以在大学设立一些奖励项目；可以设计多种真实的场景和情境（如一些集体劳动及游戏活动），观察置身于其中的大学生的表现……尤其要注意选择在成就导向、责任意识、学习力、合作精神等素质维度上有良好表现的、具有领导潜质的大学生；他们有可能成为能够独当一面的中坚力量甚至高层领导者。

最后，规划学生兵的职业生涯，制订较长时段的训练开发计划。大学生进入企业之后经过一段时间的实习，基本上可以确定他们未来的成长跑道，但由于年轻人可塑性强，需保持一定的弹性。按照5～10年的时间长度，确定其能力发展的阶梯，并在此基础上安排不同能力阶梯的开发训练计划。以管理序列为例，第一阶段（通常入职3年以内），以胜任本职工作为目标，训练开发以企业文化熏陶、工作意愿激发、工作习惯培养、人际关系改进、工作技能掌握为主，其中包含使大学生尽快社会化和成为组织人的内容。第二阶段（通常入职3～5年），以能够带领小团队（小组）完成小模块工作任务为目标，给任务、压担子，以项目机制（培养对象担任项目负责人，具有清晰的项目任务目标和一定的权力），使大学生在实践中成长。这一阶段，需注重过程辅导和赋能。第三阶段（通常入职6～10年），以具有团队领导力、独当一面完成整合性任务（若干小模块组合连接起来）为目标，可提拔部分成长较快的大学生，安排他们担任具有挑战性的管理职务，使他们承担较大责任并获得相关的权力，"在战争中学会战争"。这一阶段，上级导师的引导、同行的交流以及开拓视野的一些参观学习等是较重要的培养方式。

以上三个阶段总时长以及各阶段的时间划分，各企业可根据自身的行业属性、业务特点、成长阶段、增长目标、能力基础和人员现状等确定。每个阶段递进到下一阶段，都是一次人才的筛选。也就是说，并非所有的大学生都进入下一阶段；当三个阶段结束后，大学生培养就告一段落。他们中间的一部分人已成为企业的骨干和中坚力量，未来将踏上以自我开发为主、以实践训练为主的发展之旅。

核心人才的开发

随着竞争加剧，企业中对创造价值有重大影响的核心人才（高端技术人才、独当一面创造业绩的企业家人才以及高级管理人才等）在组织中的地位越来越高；企业之间对核心人才的争夺也越来越激烈。在芯片加工领域，韩国、中国相关企业围绕核心技术人才的竞争，可以说是惊心动魄。

目前，关于企业人才开发，有一种说法是"不求所有，但求所用"。这种策略对于普通人才或许是适合的，但对于核心人才肯定是失效的。资产专用性是制度经济学中的一个重要概念。[一]核心

[一] 奥利弗·E 威廉姆森. 资本主义经济制度 [M]. 北京：商务印书馆，2002.

人才属于专用性资产，其培育、增值需要较长时间，同时其适用性被限制在一定的专业范围之内。他们主要分布于同业为数不多的领先企业中。参与核心人才争夺的企业，一方面需防止内部培养起来的核心人才流失，另一方面需精准猎取。

令人遗憾的是，一些民营企业花了很大的代价从行业内引进了一些核心人才，但实际使用效果并不理想，甚至与预期相距甚远。由于核心人才往往处于企业较高职位层级，他们的工作绩效对企业整体绩效影响很大。有的企业高层的磨合、调试花了很长时间，但还是没有形成核心团队，轻则错失转型发展的机会，重则危及企业的生存。怎么办？在此我提出几点经验性建议。

第一，需将核心人才的引进、配置和企业战略紧密地结合在一起。核心人才进了企业之后，做什么事、负什么责、完成什么项目，以及主要解决什么问题，事先要有清晰的安排。不能笼统地说，我们企业提供一个天高任鸟飞，海阔凭鱼跃的平台，你们就自主、自由地干吧！

第二，有些天才型核心人才，只能通过收购兼并其所在企业的方式获取。而对于企业内部极少数具有企业家才能的创业人才，可提供合作创业机制。

第三，调整对核心人才的期望，不能把解决自身难题的希望全部寄托在外面的人身上。尤其一些长期在大型企业工作的核心人才，依托规范、专业的组织体系及管理体系，可以发挥较好的作用，但到了中小企业复杂、不规范的环境下，往往难以适应，优势受到抑制，可能无法取得良好的绩效。

第四，根据企业战略明确对核心人才的要求，建立评价标准。

在标准明晰、期望合理的基础上，对拟引进核心人才的能力（尤其是实战能力）进行细致、准确的评估；一时得不出结论的，先用双方退出成本较低的方式（如顾问、合作研究、项目参与等）磨合一段时间——先试婚，再结婚。

第五，为核心人才创造业绩提供支持，构建赋能机制。例如，为他们配置对接团队及助理人员，提供相对规范的流程平台，承诺目标完成所需的资源投入，等等。

第六，企业创始人从自己做起，改变核心人才不认可、不接受、难以融入、高度个性化的习惯，减少随意性、封闭性以及认知上的路径依赖（如沉迷于个体过往的经验中）。

第七，坚守诚信理念，向完成业绩目标的核心人才兑现利益承诺。同时，发生矛盾时也要按照合法合理原则妥善处理双方的矛盾。

有效学习的特点和标志

学习是企业能力提升和人力资本增值的基本途径。对生物种群来说，进化就是学习，学习就是进化。在适应环境的过程中，向环境学习，探索环境的奥秘，掌握环境变化的趋势和规律，用知识改变环境。在适者生存的竞争中，向竞争者和领先者学习；在相互交往中，向合作者学习；借助他者的知识及能力改善自身的结构和技能，汲取有益的营养。在组织内部，倡导团队学习和共同学习，实现知识共享、开发、积累、扩充知识资产。

企业学习必须围绕"顾客价值增量实现"这一核心目标，目的在于提高创造顾客价值所需的员工平均素质，提升解决问题的专有能力，同时应尽可能消除不符合顾客价值目标的无效学习。令人迷惑的是，许多企业无效学习占据了大部分学习时间和学习资源。这里有病急乱投医的心态原因，有急于求成的机会主义理念原因，也有无法辨识自身学习需求以及不能准确评估知识供给质量的认知能力原因。

什么是有效的学习呢？

第一，干中学。在实践过程中、在价值创造的场景中学习，训战结合；带着问题学，带着目的学，注重学习实用、科学的方法。随着顾客价值的迭代，随着问题的改变，学习内容和方式亦需进行迭代。

第二，共同学。团队在一起讨论学习，相互传递经验、知识，相互启发思路、激发创意，相互质疑和辩驳。企业需为团队学习营造平等、民主、坦诚的氛围。

第三，系统学。逐步构建结构化的训练体系，注重培训开发的整体性和系统性，避免目标离散、内容零乱、形式繁杂等现象发生；循序渐进、阶梯式地开发各类员工技能。

第四，重视模仿。找到模仿、借鉴的标杆和来源，引入外部知识。在自身不具备知识基础和能力积累的领域，不盲目探索和创新，直接借鉴被实践证明符合科学原理和规律并且行之有效的方法体系。模仿时，不要过于强调自身的特殊性；植入外部基因时，不过于强调自身基因的优势。华为强调，借鉴外部导入的有关方法时，"先僵化，后固化，再优化"。如果没有这样的态度，连模仿都做不到，更不用说创新了。对许多基础较差的企业来说，模仿是进化的第一步。关键是要缩短模仿过程,以空间换时间。

第五,传承经验。形成经验代际传承机制(师徒制等),将已积累下来的隐性知识(以有经验的老员工为载体)显性化,形成可传播和共享的显性知识(以软件、书本、课件、音视频媒体为载体),并构建两类知识发生的循环机制。

第六,营造知识"场"。汇集企业内外部知识,借助互联网手段,构建企业知识平台、云服务机制和传播网络,形成知识赋能的"场"(知识密布且作用于每个个体的氛围和环境)。在这个"场"中,知识是流动、共有和共享的。

第七,加大强度。和前面所说的"密度"相对应,学习也需加大密度。应提高知识引进、借鉴的速度和频次,扩大所学知识体量和规模,拓展学习的深度,提高学习的效率。对员工知识基础薄弱的企业来说,一段时间内大水漫灌式的学习方法是必要的,否则难以有差异较大的变化。

组织学习模型

基于对我国部分企业(主要是民营企业)组织学习状况的认识,这里我们提出"模块—情境—智慧"组织学习模型(见图13-7)。

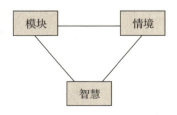

图13-7 "模块—情境—智慧"组织学习模型

图 13-7 中，模块是指分类的培训内容（课程），众多模块组合起来构成了培训内容（课程）体系。之所以采用"模块"一词，是为了强调培训内容的细分和组合。情境是指企业价值创造的现实情景以及模拟情景，其中蕴含着需要解决的问题。智慧是指企业员工认识问题、解决问题的认知、思考、判断的过程和模式。与员工任职资格通常所见的三层级结构（应知应会、胜任力、心智模式）相对应，模块学习的主要目的在于，帮助训练对象构建基础性知识背景，掌握基本工作技能；情境学习的主要目的在于，帮助训练对象找到特定情境中解决具体问题的方案，提升解决问题的能力；智慧学习的主要目的在于，帮助训练对象构建与工作绩效、价值创造相关的底部认知和思维方式。

从内容角度看，模块、情境、智慧三者之间存在联系。内容模块中的某些通用工具、方法和技能，可以应用到实际情境中去。现实情境中的问题解决方案，有的可以转化、提炼为知识性内容。各个内容模块中蕴含着思维逻辑和结构，而普适性的认知、思维模型又可外化为可传递的知识。面临问题的挑战，特定情境中的问题解决方案，以认知、思维模型为基础和依托，同时对问题的探究也能激发认知和思维活动，使之丰富和深化，并形成新的结构化模式。

"模块—情境—智慧"组织学习体系，因这三个环节之间存在密切关系，从而具有整体性和结构性。模块、情境、智慧的纵向排列，体现了组织学习由浅至深、由外（显性知识）至内（隐性知识）的递进关系（知识/技能——解决问题的方法——认知、思维方式和心智模式）。这一体系围绕培养顾客价值创造能力目标，系统解决员工素质问题,并把开发重点最终放在心智层面,可以使每个人的潜能被真正开发出来,使企业人力资本持续增值。它致力于使平凡人做出不平凡的业绩,因此并不繁杂和虚浮;它以成果为导向,注重实用性和可操作性;它细致、严格,强调持续改进和精益求精。下面我们分别介绍三个环节。

1. 模块

模块(课程)体系由多个模块(分类课程)组成,呈现为立体结构(见图13-8)。

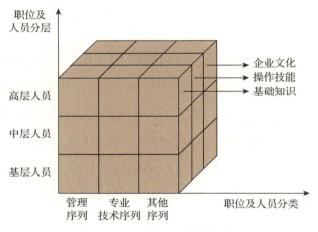

图 13-8　立体课程模块集合

图 13-8 中的每一个立体方块代表针对某一职位及人员序列、某一职位及人员层级的某一类课程(在培训实践中,上图三个维度的粒度均可更小)。从横向看,不同序列人员学习的课程有通识性的,也有专业性的;从纵向看,同类内容分解为不同的阶梯课程。总的来说,课程属于员工必须掌握的"应知应会"范畴。各模块

培训的基本形式是企业内外部讲师课堂（包括线上）讲授、讨论以及现场练习、实验等。

企业在员工能力开发实践中，应尽可能将基础知识和基本技能课程模块充分细分（这样才能学得细、学得透、学得实），使训练对象具有扎实的基本功。将课程模块体系（由培训教材、培训样式及流程、讲师、工具设施、管理规范等组成）构建并运转起来，是企业一项长期、艰巨的任务和工程，是企业最重要的能力基础设施建设。

2. 情境

情境训练的基本方式是：使训练对象处于特定的真实或模拟场景之中，在讲师的指导下，通过角色扮演、分组探讨、游戏等参与、协同形式，解决预先设定的问题。典型情境、典型问题是情境训练最重要的因素。所谓"典型"是指具有一定的普遍性、代表性。解决典型情境下的典型问题，可以起到由此及彼、由表及内、举一反三、提炼方法的作用。

情境可以分为两类：一是现实中真正发生问题的真实情境。例如，发生工艺、品质问题的生产现场，与顾客直接交互的零售卖场，等等。二是设计出来的模拟情境，问题由现实问题转换而来。在时间维度的设定上，模拟情境具有较大的灵活性，可以是过去（为了总结以往的经验教训），可以是现在（解决当下的问题），也可以是将来（为应对环境变化做准备）。情境中的问题未必都是负面的（不足、缺陷），也包括期望与现实之间的差距（有的时候，如何做得更好也会成为问题）。

参与情境训练的人员,可以是与场景及其问题直接相关的人员,也可以是间接相关的人员(通过学习汲取间接经验)。情境训练真正的难题是情境及问题的设定和解决问题的程序设计。一般情况下,企业缺少这方面的"编剧"人才,通常只能在专业咨询、训练机构提供的模板基础上进行二度创作。企业可以从问题发生现场(真实情境)的训练做起——这和现场改进活动有相似之处,逐渐将"典型情境""典型问题"总结、提炼出来,再转化为模拟情境的训练方案(剧本)。同时,先选择较简单但能直接见效的情境及问题,再逐步提升情境及问题的层次,拓展其范围,增加其复杂性。好比一个习作者,先写时空浓缩、情节凝练的短篇小说,再写时空跨度大、人物众多、情节复杂的长篇小说。当然,正如一出大戏可以分为几幕,复杂情境也是可以分解的。面向未来进行情境训练时,可以根据特定情境中相关变量的演变趋势,设计多种可能出现的情境,探索不同的应对之策。而设计外部变量较多的动态竞争情境或者动态合作情境时,需关注内外部变量之间的互动关系,模拟出企业自身行为所引发的可能后果。

3. 智慧

这里的智慧不是指智商,也不是指解答高深数理题目的能力,而是指与工作绩效有关的认知和思维方式。亨利·明茨伯格曾指出:"管理者的绩效取决于如何学习特有的思考方式,以便有效地解决问题。"㊀管理者如此,其他人员也是如此。

㊀ 亨利·明茨伯格. 管理至简 [M]. 冯云霞, 范锐, 译. 北京: 机械工业出版社, 2020: 11.

如何进行智慧开发训练呢？团队修炼（共同学习，相互切磋）、"私塾"传授、现场验证（尝试采用不同方法解决问题）以及课堂培训等都是有效的形式。无论采取何种形式，智慧的开发过程都是认知不断迭代的过程，即发现新问题、找到新方法、提炼新的认知模型的过程。

鉴于我们在工作中思考问题、解决问题时所需运用的认知模型，绝大多数已被科学家、哲学家等提炼、概括出来了，我们只要学会将其应用到适当的情境之中，就能解决绝大多数问题。我们列举了企业管理人员在工作中经常使用的思维模型和方法（见表13-1），供读者参考。需要指出的是，表13-1中"基层""中层""高层"主要指企业人员的层级，所对应的模型、方法无主要、次要之分。实际上，越基础的模型、方法，运用面越广、越重要。

表 13-1 常用思维模型和方法

企业人员的层级	常用思维模型和方法		
基层	• 价值工程 • 流程、并联和甘特图 • 标准化	• 决策树 • 统计分组及 ABC 分析法 • 指数	• 多层次归因 • 二维、三维坐标 • 平均数和标准差
中层	• 目标函数 • 动态循环和"端到端" • 系统动力	• 连续和非连续函数 • 还原和整合 • 时间序列和周期	• 系统原理 • 博弈与合作 • 相关性
高层	• 概率和概率分布 • 混沌 • 多维空间	• 熵、自组织和耗散结构 • 算法 • 量子原理	• 非线性 • 抽象化、概念化和模型化 • 生态原理

表 13-1 中的思维模型和方法，未包括艺术、直觉以及人文类内容。这说明我们把智慧限定在理性、科学的范畴。其中的数学、

物理学、统计学以及系统学模型，我们只需掌握其原理，知道如何应用即可。

向优秀运动队学习能力训练

对任何运动队来说，没有系统、艰苦的能力训练，就不可能在比赛中屡屡获胜、取得辉煌成绩。中国国家女子排球队、中国国家乒乓球队是我国优秀运动队的典范。据笔者非专业的观察，优秀运动队完整、高效、严格的能力训练体系，和上一节"模块—情境—智慧"组织学习模型有异曲同工之处。为便于读者更好地理解这一模型，下面我们以排球队（笔者虚构的球队，非特指中国女排）为例进行对比说明（见表13-2）。

表13-2　运动队（排球队）能力训练体系和企业训练体系比较

训练/学习环节	训练/学习目的		训练/学习方式	
	排球队	企业	排球队	企业
模块	基本运动素质	基础性应知知识	安排身体功能以及力量、速度、耐力、柔韧度和灵敏度等素质训练项目	举办多种知识性课程培训
	基本动作	基本应会技能	对传球、垫球、扣球、拦网等多个基本动作分别进行训练	对与员工本职工作相关的专业技能进行培训辅导
情境	局部小范围战术配合和连接	小范围（如车间、部门内部等）情境中的问题定义和求解	将进攻、防守等分解为各种细小情境（如2号位快攻、双人拦网等），针对它们进行分组训练	在问题发生的现场安排改进和训练活动
	整个比赛范围内的战术配合和连接	大范围（如事业部、整个部门、全公司等）情境中的问题定义和求解	按照比赛的整体战术要求，在实际比赛中进行磨合和锤炼	在模拟情境下，按既定形式和程序进行开发训练

(续)

训练/学习环节	训练/学习目的		训练/学习方式	
	排球队	企业	排球队	企业
智慧	比赛理解力、比赛中的应变力和战术创新力	与绩效提升和价值创造有关的思考、分析能力	在全部职业生涯中,在所有训练、比赛场景中激发和培育相关能力	在价值创造的实践中,在多种形态的训练开发项目和活动中积累和提升相关能力
	把握运动规律、创新整体战术的能力	产业和市场的洞察力,商业模式、竞争策略的创新力,产业生态变化的引领力	在较高的事业平台上,汲取多方面营养,在训练、比赛以及更加丰富的实践中,提升认知境界	以强烈的使命感,站在产业的高度;与产业内外顶级人才进行对话,以知行合一方式不断突破认知边界

需要补充说明的是,优秀运动队的所有训练项目和训练全过程都是数字化的,包括数字记录、数字整理、数字分析、数字应用等环节。主要意义在于进行时间、空间刻度很细的训练和比赛研究,建立动作、战术的数字化标准及反馈、迭代机制,制订精细化的战术方案以及针对每个运动员的个性化训练方案,等等。企业的数字化人力资源开发活动应以此为借鉴和标杆。

模型和模板

在知识管理理论中,有一个以下面公式表达的重要原理。○

$$KM = (P + K)^s$$

式中,KM 指知识管理(Knowledge Management),P 指人(People),K 指知识(Knowledge),S 指分享机制(Share)。这一公式同样适用于企业能力建设与管理。

$$C = (P + K)^s$$

○ 陈柏村. 知识管理 [M]. 台中:五南图书出版股份有限公司,2006.

式中，C是竞争能力（Competence），其他字母含义不变。从上式可见，人、知识和共享，是企业能力提升的关键因素。共享实现，除了依赖组织学习机制，还有一个前提：知识的形态必须是显性化的模型和模板。只有模型和模板，才能被高效复制和共享。

从一般意义上说，"模型是用数字公式和图表展现的形式化结构"。"一些模型是用来解释的，一些模型是用来指导行动、推动设计和促进沟通的，还有一些模型则创造了我们去探索的虚拟世界"。[一]企业在经营管理中所使用的模型，是问题解决方案一定程度的抽象化；换言之，是解决问题的基础性逻辑和方法。其主要特点是标准化（可复制）和结构化（多个变量、环节组成一个整体）。模型涉及的内容非常广泛，包括商业模式、业务流程、竞争"战法"、产品架构、技术标准、管理机制及管理规范等。模型表象之下蕴含着价值理念、逻辑结构、解题算法以及经验积累。从来源角度看，有些模型来源于企业外部，是企业学习和借鉴的对象；有些模型创造于企业内部，是实践经验的总结和提炼。从内容角度看，有些模型是通用性的知识，有些模型是针对特定企业特定情境和问题的方法。从层次角度看，有些模型抽象度高，覆盖面广；有些模型则较具体，适用性较窄。从功能作用角度看，有些模型主要适合于分析，有些则可以应用于实践；有些模型复用、迭代的平台属性较强，有些模型则较弱。

人们熟悉的来源于企业外部的通识性模型，比较著名的主要有甘特图、钱纳里—泰勒分类法、戴明环、5S与精益生产、SWOT分析法、平衡计分卡、价值链与五力模型、波士顿矩阵、麦肯锡矩

[一] 斯科特·佩奇. 模型思维[M]. 贾拥民，译. 杭州：浙江人民出版社，2019：4，11.

阵、蓝海战略、破坏性创新，等等。下面我们列举了少数企业内部的经营类和管理类模型及案例，如图 13-9 所示。

经营类模型	管理类模型
• 产品和技术平台方案（如丰田汽车 TNGA 整车平台） • 顾客服务体系（如海底捞的服务标准） • 互联网顾客交互模式（如字节跳动的推荐算法） • 柔性供应链结构（如酷特的服装个性化定制模式） • 区域市场开发方法（如顾家家居三级市场"大店"行动）	• 战略制定和战略执行框架（如 IBM 的 BLM——业务领先模型） • 组织分层责权体制设计（如美的集团分权手册） • 胜任力模型（如华润"众"形领导力素质模型） • 干部任用程序（如华为建议、考察、任用权限配置） • 合伙人计划（如碧桂园同心共享和成就共享计划）

图 13-9　企业内部的经营类和管理类模型示例

　　企业内部模型的数量、构成和质量，代表了企业独特知识基础的广度、厚度、深度以及知识（智慧）资产的丰饶程度。从与顾客价值相关的模型作为知识平台，除了有利于传递、共享、复制外，还有利于顾客价值的迭代。可以这样说，无模型就无迭代；只有沉淀出模型，创新才能以循环迭代的方式进行。模型是未来顾客价值创新的基础、指南和依据。这也说明价值创新大都不是从头再来，而是层层递进。第三章"顾客价值迭代"一节中曾经提到，产品/服务提供给顾客的价值经过若干次迭代后，往往会形成基础价值维度相对标准化的"平台"（即模型）。以后的多次迭代（在非基础性维度上形成顾客价值增量），就是在这一平台或模型上的持续优化。

　　在企业知识体系和资产中，还有一种共享知识的形态是模板。相对于模型，模板更微观（某些模板是特定模型的构件和具体化），是企业各类别、各层级人员在工作过程中所使用的方法及工具。它们具有规范化和标准化的特征。从内容范围看，模板存在于企业价值创造活动的所有环节。

所有模板，都是主体（人）在实践中创造出来的，是实现特定目的的手段，因此它们是经验的结晶，体现了人的意志、智慧和管理意图。我国古建筑中的木材榫卯结构——房屋整体或复杂结构方式属于模型，局部的榫卯连接方式属于模板——是我国古代劳动人民发明的营造技术。几千年来，之所以能代代相传，很重要的原因在于标准化的图样。这些图样是众多结构形态的总结和提炼，具有保证建筑价值（功能、安全、美观等）、提升施工效率、培养接班徒弟多重意义。

企业模板体系，总的来说，包括技术类模板和管理类模板两大类。前者以技术文件、工艺图纸、专业软件等为载体，主要应用于研发、制造等活动。后者是企业整体管理体系的基础性部分，包括各类文件格式、各类编码规则、作业标准、信息/数据记录及录入规范、职责说明、统计表单、流程运行中的配套表格、会议文本要求等，是企业管理运行的平台。

模板具有共享、复制和传承的作用，同时是每个员工持续改进的手段。员工在工作过程中不断改进与岗位/角色职责相关的模板，并使之迭代，是企业知识进步、能力提升的重要途径。

无论是模型还是模板，都有一定的抽象成分。抽象可以使我们的认知更加接近事物的本质和规律，可以使我们的思维更加结构化、系统化。从企业角度看，经过了提炼和概括的抽象知识成果，为企业基因复制（代际传承、组织扩张、收购兼并）创造了条件。

CHAPTER14
第十四章

张力机制和控制机制

企业活力公式

企业活力,反映企业存在和运动的状态,是企业内部主动、能动的力量和机能。企业活力的衡量指标主要有三个:一是企业的生命长度。百年老店意味着活力持久。二是企业的生命体量,即繁衍的规模。从某个时点看,枝繁叶茂、子孙众多即业务范围宽阔,显然是活力强盛的标志。三是企业的生命质量,即企业在竞争环境中的优势。与其他竞争者差距越大,企业活力越强。

企业的生命长度、生命体量和生命质量三者之间存在相关关系。企业的生命质量和生命长度显然呈正相关关系;而企业的生命体量和生命长度、生命质量之间的关系,则存在正相关、负相关多种可能。也就是说,企业业务扩张未必增强企业生命力。但是,在很多情形下,业务不扩张也会影响企业的生命力——这是企业进化中的难题。

从狭义的角度看，企业活力取决于两个因素。

企业活力 = 人 × 组织机制

上式中的人，是企业组织中的各类人员。组织机制是将人组织起来、对人产生作用、使人创造价值的因素。如果把人比作高能粒子的话，那么组织机制就是使高能粒子产生高能量的加速器。上式中的 × 号，意味着相互适应、相互激发、相互创造。

企业活力机制

影响、决定企业活力或者作为组织活力有机组成部分的组织机制主要有六个（见图 14-1）。

图 14-1 影响企业活力的组织机制

运行流程是企业以顾客价值为目标的价值创造活动的规范化设计和安排。如果把企业运动过程比作一出持续上演的大戏，流程（集合/体系）就是这出戏的情节。即流程是企业运动的基本形态。通过流程性活动，企业源源不断地产出顾客价值（以产品和服务为载体）。流程是否清晰、合理、科学，是否符合企业价值活动的逻辑和规律，决定了企业能否高效率地运行以及创造价值。同时，企业的战略举措，亦需体现、嵌入在相关流程中。也就是说，流程是战略目标或任务实现的主要和重要手段及依托。

组织形态是以流程为前提和基础的组织架构设计。它是企业人员分工和协同的主要机制。组织形态规定了企业内部的每个人、每个团队的角色以及工作职责，规定了每个人和每个团队所处的组织空间，规定了人与人之间、团队与团队之间的连接和融合方式。组织形态可分"表"和"里"两个层次。其"表"是组织架构图；其"里"是组织中的责任和权力安排，即体制设计。组织形态是企业能量的来源之一，是价值创造活动的依托，是企业能力要素的容器。企业生命体进化，很大程度上就是指组织形态的进化。

张力机制是使组织形成并具有张力的机制。这里的张力是指企业内部因竞争、利益差距等而产生的力量。对企业中的个体来说，张力机制则是动力机制。张力机制具体包括目标责任（绩效）机制、利益分配机制、干部任用机制等。在竞争环境下，企业始终面临存亡兴败的挑战，没有张力就不可能攻坚克难、取得胜利。张力是企业活力和生命力的体现。

控制机制是防止组织衰败的机制，也可理解为企业的免疫系统。人们常说，堡垒容易从内部攻破。企业衰亡大都是由决策错误以及法治不彰造成的。企业控制机制由信息机制、决策机制和监督机制等组成。它们是企业基业长青、长治久安的保证。

文化机制是指企业的价值观及组织规则体系。企业文化决定了企业进化的方向，是企业从小到大、从弱到强不断成长的牵引力量。同时，企业文化决定了企业生存发展以及参与竞争的约束边界。如果企业是一条大河（价值流），那么企业文化就是河床。

河水奔流不息，但河床才是水流走向和形态的决定性力量。从企业文化建设实践角度看，文化机制包括价值观梳理提炼、宣传贯彻、遵守践行以及组织氛围营造、文化习惯培养等多个环节。

领导者是企业中的高层核心管理团队。企业各级领导者的心态、价值观、素质能力、行为特征等，是影响企业绩效、团队凝聚力和战斗力，决定企业前途和命运的主要因素之一。在中国的文化传统（重视共同体中的心理契约）中，领导者的道德力量和表率作用尤为重要。

以上六种机制，从逻辑关系上看，文化机制是企业活力的源泉和内核；领导者是企业活力中最重要的能动因素；张力机制和控制机制直接作用于人，是企业活力中的敏感及杠杆性因素；运行流程、组织形态是企业运动及结构方式，是企业活力中基础性、平台型构造。欲保持和提升企业活力，就需整合、优化这六种机制。换个角度看，它们也是组织变革的主要环节。

熵减：防止组织衰老

任何生命体都有老化、衰退的自然倾向。熵增，几乎是所有系统的宿命。薛定谔曾云："一个生命有机体在不断地产生熵，或者可以说是在增加正熵，并趋近于最大熵的危险状态，即死亡。要摆脱死亡，要活着，唯一的办法就是从环境里不断地汲取负熵"。㊀在管理学中，熵是对组织活力的测度。熵值越大，组织活力越低。

㊀ 埃尔温·薛定谔. 生命是什么 [M]. 罗来鸥，罗辽复，译. 长沙：湖南科学技术出版社，2003：70.

因此，一代又一代的企业领导者，为使企业存活下去，持续不断地进行熵减努力，即消减企业组织中不做功的无效能量，或者使不做功的能量重新做功；使低功效能量变为高功效能量；改变低能效平衡状况，形成非平衡态势以及快速变化的动能。同时，打开组织边界，使之与外部环境持续、积极地进行物质、能量、信息的交换；使企业系统远离原先的低效能、无活力的平衡状态；在非平衡状态下，推动企业组织形成新的有序结构，进入新的充满生机的生存发展境界。

对企业系统而言，熵减意味着自我变革，阻力大、难度高，依赖于企业领导者的信念、勇气、决心和智慧，依赖于变革导向的组织文化氛围，依赖于高超的组织技术——组织构建、动员、运行、控制、变革的系统方法和工具。任正非之所以能成就辉煌的事业，很大程度上是因为他掌握了具有中国特色的组织技术。如果说华为真有什么秘密的话，那就在于组织建设——其意义甚至超过了战略选择。㊀

出于全书各章篇幅均衡的考虑，本章先分析说明张力机制和控制机制。

张力机制

组织张力，是因内部紧张而产生的力量。而紧张又来源于外部竞争压力和进化中的生存压力。企业欲长期活下去，就必须时刻保持危机意识和紧张状态。"紧张让组织永不懈怠，紧张就是战

㊀ 华为大学. 熵减：华为活力之源[M]. 北京：中信出版集团，2009.

斗力"。⁽¹⁾管理企业好比拉小提琴,只有将琴弦调紧了,才能演奏出激越的强音。

张力机制是使企业产生和保持张力的机制。换个角度看,就是企业的压力机制和反怠惰机制。张力机制主要涉及以下企业管理政策和机制。

1. 高激励和不对称激励

企业上下同欲,有强烈的发展愿望,可设立较高的绩效目标。对企业内部团队及员工来说,高目标意味着高压力。与之相匹配,企业采取高激励(主要指利益激励)政策,一方面提高所有员工的平均薪酬,使其具有市场竞争力;另一方面通过多种利益分享机制,将利益向创造价值的员工倾斜,并拉大内部分配差距,使企业核心职位(岗位)具有较强的吸引力。企业内部张力很大程度上源于内部分配差距(见图 14-2)。

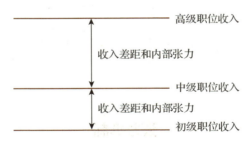

图 14-2　企业内部收入差距和内部张力示意图

图 14-2 中的职位既包括管理职位,也包括专业技术职位、营销职位以及生产作业职位等。企业内部利益分配差距的大小,视

⑴ 彭剑锋. 洞察:华夏基石管理评论(第52辑)[M]. 北京:中国财富出版社,2019:116.

企业实际情况以及所处竞争环境而定。凡竞争充分、人才争夺激烈、市场化程度高的领域，分配差距可以大一些。

对一些竞争力较弱、长期难以跳出低绩效循环的企业而言，转向"高目标（高压力）、高激励、高能力"模式是其改变生存方式和进化路径的关键。而两种模式切换的关键动作及必要条件是提高员工薪酬水平、拉大收入差距（见图14-3）。只有这样，才有可能优化团队结构，提高员工素质，淘汰不称职人员。

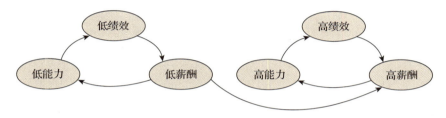

图14-3　从低绩效循环到高绩效循环示意图

需要指出的是，"高激励"以及"不对称激励"包含了"高的负激励"以及"不对称负激励"的内容。重奖重罚、赏罚分明是企业张力机制的重要准则。

2. 新老交替

不少企业成长之初人才团队薄弱；有些企业虽然存活时间不短（十几年甚至更长），但人才问题一直未能有效解决，长期处于机会成长（非能力成长）阶段。因此，这些企业急需调整人员（主要是管理人员、专业技术人员）队伍结构，补充高素质、高能量人才（包括学生兵）。一些传统行业中的传统企业（主要指企业文化"传统"，如家长制、感性化等）需按法理情理重构理性文化；对各类人员的工作绩效、能力、态度等进行客观、公正的评价，适度加大人员的流动性，强化淘汰约束（市场化程度较高的企业已将末位淘汰制常态化）。在人员结构调整时，企业要妥善处理好新老人员交替问题，使新人有机会，使老人有归宿。在此，我们提出一些相关政策、策略建议。

第一，把握人员结构调整的力度和节奏，不走极端，循序渐进地实现新老交替；总体上保持人员队伍（尤其是核心及骨干管理团队）的基本稳定，做好新老人员的衔接。

第二，实事求是，具体问题具体分析，做到一人一策。不能用年龄、工龄、司龄等指标一刀切地划分老人、新人。有的员工年龄较大，但心态年轻、精力旺盛、忠诚度高、学习能力强，应该受到重用；有的员工虽然年纪较轻，但意志消沉、三心二意、不肯刻苦学习，不仅不能重用，还可能需要回炉重造甚至要淘汰出局。

第三，妥善安排历史有功人员。几乎每个创立期较长的企业，都有一批伴随企业创始人一起走过创业历程的功臣员工。他们中的部分人，年龄大了，素质和能力已经跟不上企业未来发展的要求。对待他们，不能完全按人力资本效率原则，而要有一定的历史原则——尊重历史，对历史负责。一方面，需对"老人"的历史贡献给予充分的、超越预期的补偿（通过股权激励、特别奖金以及企业年金等方式），使其退出职场后无后顾之忧，依然能保持较高的生活水准。另一方面，需理性给予老员工合情合理的职业生涯安排，或退出，或转为顾问，或从事辅助性工作等。目前，有些企业出现了不利于企业发展的局面：企业创始人给予"老人"

的利益补偿偏低,"老人"们把握着权力不放,不给"新人"机会;"老人"们用情感、忠诚等因素缠住企业创始人,使企业创始人无法延展信任边界,使企业高层及骨干管理团队无法吸纳更多新人。总之,对无法胜任未来工作的老人,应给足利益及荣誉,收回权力,"以土地换和平"。

3. 关键少数

这里的"关键少数"指企业各层级管理人员,即干部。在我国的文化传统下,干部具有特殊的意义。在文化(价值观)人格化的情形下,干部行为是价值观的主要载体,干部以身作则的表率作用,对营造积极向上、公正透明的组织氛围,对于打造特别能战斗的铁军,至关重要。反过来,干部如果不能表里如一、真正践行价值观,对组织战斗力的侵蚀和瓦解作用也尤为巨大。同时,在组织形态朝着分权、自治、弹性及自组织方向变化的趋势下,面对不确定的环境,各级干部的能动性、认知力及胜任力成为组织竞争力的关键要素。换个角度看,在儒家文化背景下,机会激励、权力激励以及事业成就激励是对管理人员最有效的激励方式之一。

因此,在企业现有管理团队前提下,选拔任用一批优秀干部,调整部分缺少创新力、学习力及冲劲、闯劲的平庸管理者,既能激活组织、重塑文化,又能改善业绩、开辟新的局面,是代价最小、见效最快的负熵及变革举措。企业在用人时,不能总将眼光投向企业之外,而要坚信三步之内必有芳草(这和外部延揽人才并不矛盾),在客观、科学的领导力评鉴基础上,通过公平、公正、公开的赛马机制，发现真正有能力、能"打仗"的干部。尤其要重视年轻干部的培养和提拔，适度加快其职务提升的节奏。

控制机制

控制机制是防范、控制企业重大风险的机制，也可喻作企业生命体的免疫机制。它包括我们熟知的财务管理、法务管理、审计管理、监察管理等控制机制在内，但内容和外延要丰富、宽阔得多。

企业危及生存的重大风险，通常由外部挑战诱发，由企业内部因素起决定性作用。内部诱发因素主要有两个：一是重大事项决策失误，二是自上而下、自下而上的组织失范（不按规范、制度运行，存在懈怠、腐败现象）。而这两方面常常是互为原因、相互影响的：组织失范引发决策失误，而决策失误又为组织失范创造了条件。

企业控制机制，主要由三种机制组成。

1. 信息机制

无论是重大事项决策失误，还是组织失范，都与信息有关。虚假、片面、滞后的信息，是决策失误的原因，也是组织失范、衰败的条件及表现。真实、快捷的信息机制，就像生命体的呼吸系统，属于基础性器官，须臾不能停止运行。首先，根据所需信息类别，开辟外部信息来源，并根据信息源设计信息处理方式。第二，构建企业内部共生共享的信息平台，将流程信息记录并沉淀下来，同时给广大员工提供献言献策、表达心声、反映情况的管道。第三,优化内部沟通机制(如报告、会议、讨论学习、现场调研等),保证信息规范、直接流转,避免信息传递不畅以及信息失真。第四,实行干部一线调研、走动式管理制度,及时掌握鲜活的一手信息。第五,通过组织讨论以及人工智能等多种手段和途径,对信息进行验证,辨识信息泡沫。

2. 决策机制

缺乏程序制约,是许多企业决策失误的重要原因。一些企业领导者所做的决策,明显违背常识和规律、风险极大,却能毫无异议地推出并执行,体现了决策机制的缺陷。良好的决策机制是决策正确的必要条件。

企业完整的决策机制,包括以下组成部分。

第一,企业各层级组织单元决策主体设定。包括成员名单(可能是个人,也可能是团队),成员应具备的任职资格等。如图14-4所示,我们以某事业部架构企业为例,说明不同层级组织单元的决策主体(事业部以外其他机构未列出)。

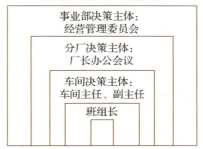

图14-4 企业各层级组织单元决策主体示例

第二，企业各决策事项的决策权限在各层级决策主体之间的分布，即分权机制。

第三，企业各决策事项决策流程，包括决策前研究、决策建议、讨论辩驳、产生决策结果、决策跟踪、总结复盘、决策成果激励或责任追究等环节。

第四，集体决策时，决策过程的议事规则，如投票制、协商制等。

第五，战略执行过程中，发现战略方向错误、战略无法执行后，快速启动的决策纠错机制。

在企业重大事项（由分权机制所界定）的决策过程中，三个环节至关重要。一是决策前的深入调研和讨论，尤其是专业化、组织化的质疑和辩驳。所谓"专业化"，是指质疑、辩驳的"蓝军"[一]由专家型人员组成；所谓"组织化"，是指"蓝军"为常设机构。企业需将质疑和辩驳设定为决策流程中不可或缺的环节。二是决策时的民主集中制，即听取、尊重决策主体每个成员的意见，并能统一意志、达成共识、保证决策效率。先广泛协商，再投票摸底，最后一锤定音，可能是较好的决策流程和规则。三是决策后对决策效果的评估、纠错以及对相关决策主体的激励及问责。没有这个环节，决策流程就不是闭环，也不能形成对决策者的硬约束。

3. 组织失范防控机制

组织失范有多种表现。比较轻的症状是：懒散、拖拉、推托、

[一] 孙黎. 蓝军战略[M]. 北京：机械工业出版社，2018.

不作为，即懈怠；比较严重的症状是：任人唯亲，拉帮结派，小圈子内自成一套（由隐性规则支配团队运行），影响组织的统一性和协同性；利用制度、机制缺陷，钻空子，搞腐败，牟取私利，损害企业共同体整体利益。

  组织失范是侵蚀企业生命力的病毒。如果不设立预防和治疗机制，不断蔓延的病毒很可能危及企业的生命。首先，设立若干纪律、制度红线（高压线），对触碰红线者及越线者按事先公布的规定严肃处理，切不可姑息纵容。其次，制定管理人员行为规范（标准），让高管团队宣读行为规范，并做出公开承诺，接受员工监督。㊀再次，对于道德风险较大的领域和活动，如采购、投资、基建、广告投放、渠道调整以及人员招录、干部晋升等，制定并执行公开、透明、规范、制衡的制度、流程；在某些信息不对称的环节，设计公私利益合一的自律机制。同时，构建价值创造活动以及各项工作的数字标准体系，完善全面预算制度，使企业内部运行规范有序，风险行为受到控制。最后，加强审计、法务等部门职能，形成"事先标准——事后监督"的控制闭环。对于审计

㊀ 在此，我们抄录了华为集团的"干部八条"，供读者参考。第一条：绝不迎来送往，不给上级送礼，不当面赞扬上级，把精力放在客户服务上。第二条：绝不动用公司资源，也不能占用工作时间，为上级及其家属办私事。遇非办不可的特殊情况，应申报并由受益人支付相关费用。第三条：绝不说假话，不捂盖子，不评价不了解的情况，不传播不实之词，有意见直接与当事人沟通或报告上级，更不能侵犯他人隐私。第四条：认真阅读文件，理解指令。主管的责任是获取胜利，不是简单的服从。主管尽职尽责的标准是通过激发下属的积极性、主动性、创造性去获取胜利。第五条：反对官僚主义，反对不作为，反对发牢骚讲怪话。对矛盾不回避，对困难不躲闪，积极探索，努力作为，勇于担当。第六条：反对文山会海，反对繁文缛节。学会将复杂问题简单化，600字以内说清一个重大问题。第七条：绝不偷窃，绝不私费公报，绝不贪污受贿，绝不造假，也绝不允许任何人这样做，要爱护自身人格。第八条：绝不允许跟人、站队的不良行为在华为形成风气。个人应通过努力工作、创造价值去争取机会。

中发现的问题，需加大整改和处罚力度。自罚三杯、毛毛雨式的处罚是没有意义的。

　　张力机制、控制机制是企业激励和约束的两极。前者体现活力，后者彰显秩序，两者须相互配合、相互制衡，才能使企业之车又快又稳地前行。

从科层制到自组织

科层制的特点

科层制是迄今为止企业组织的基本形态。马克思·韦伯在20世纪初提出了科层制（官僚制）组织理论。他认为，科层制是以正式法律规定为合法权力来源的分工清晰、等级分明、运行规范、人员职业（化）的组织模式。㊀从企业组织角度看，科层制具有以下特点。

第一，组织结构为金字塔形。即组织结构上小下大，存在多个纵向层级。

第二，自上而下层层分解，授予责任和权力，组织目标统一。

第三，权力中心在组织的上部，且只有一个。组织驱动和连接的基本方式是权力。组织运行的基本方式是纵向层层发布命令

㊀ D S 皮尤. 组织理论集萃 [M]. 彭和平，杨小工，译. 北京：中国人民大学出版社，1990: 3-16.

和指挥，下级服从并执行指令。

第四，通过分层控制，构建人数众多的大规模组织。同时，纵向结构具有广泛、深入的动员能力，可以聚集力量办大事。

第五，激励方式具有不对称性。组织的动力和活力来自不对称激励。权力在上面，责任、利益也在上面。不对称激励典型的表达是一将功成万骨枯。大部分人都没有机会去竞争将军职位，但是一旦成为将军，可以获得巨大的激励。

第六，控制方式是"硬"的。也就是说，主要通过权力、规则控制组织。"硬"控制在很多情形下是有效的，但是它没有弹性，适应性比较差，有时反而脆弱；要控制一个小事情往往要动用巨大的力量。由于"硬"控制下信息传递线路较长，这不仅容易导致信息流失，而且容易导致信息失真，因此对外界的反应常常是滞后的。

目前，企业所处的环境正在发生着重大、深刻的变化。互联网时代，信息传递的范围、效率和以往相比，不知扩大、提升了多少倍；产业和市场的不确定性增加，竞争格局更加混沌，颠覆性创新层出不穷。在此背景下，企业必须成为自组织，或者说必须具有一定程度的自组织属性和机制。只有这样，企业才能适应变化的、动态的进化和成长。当然，这并不意味着科层制完全失效。在许多情形下，它仍然是主流的组织形态。在未来很长的时间内，它将和自组织形态混合、叠加起来，共同发挥作用。

什么是自组织

什么是自组织呢？"自组织"可以是名词，比如我们说"这个企业是个自组织"；也可以是动词，比如"某某公司正在自组织内部的结构"；甚至可以是形容词，比如"这家企业很'自组织'"。它的基本含义是：一个系统——可以是自然的，也可以是社会的，通过系统中低层次单元或元素的局部互动和协同，在不存在外部特定干预和内部统一控制的条件下，从无序变得有序（或从有序变得更加有序），即形成新的结构及功能有序模式。具体来说，自组织具有以下特征。[一]

1. 自组织具有"1+1+1>3"的系统效应

这种"整体大于部分之和"的效应，系统理论称为"涌现"（过去常称为"突现"）。公式中的"1"，是组织的个体或局部群落，相对于组织整体，它们是"较低层级的"。通过某种纽带和机制将它们联合起来，使之相互作用和协同，就能产生个体无法企及的整体、系统功能。这是合作的奇迹，是一种非零和、共赢的局面。但"1+1+1"为何能大于"3"，当组织属于灰色和混沌系统时，机理是不清楚的，过程也难以分解和还原。这正是组织的魅力和奥妙所在，也是管控难题的渊源。

2. 自组织的控制方式是分布式的

"分布式"一词在当下用途很广泛，例如"分布式能源"、大数据中的"分布式计算"等。分布式控制，不同于传统科层制组织通过一个控制中心控制组织的方向、运行过程以及功能实现，它

[一] 范冬萍. 复杂系统突现论——复杂性科学与哲学的视野 [M]. 北京：人民出版社，2011. 颜泽贤，范冬萍，张华夏. 系统科学导论——复杂性探索 [M]. 北京：人民出版社，2006.

是去中心的、分散的、多中心的控制。此时，组织中的次级或局部单元，作为一个相对独立的主体自我控制、自主应对变化、自主修复和生长。需要指出的是，分散式、多中心并不意味着组织内部相互离散和割裂，不是"土豆式"集成和诸侯割据，而是彼此联系和相互作用的。这种联系表现为复杂、多向、立体的网络状态。

3. 自组织的变化来自低层、局部和边缘

由于组织采取的是分布式控制，因此组织的变化不是源于中心和上层，而是起始于小环节、小变量、低层级单元以及主体结构的边缘。不仅如此，局部小的变化还有可能引发组织的整体性、根本性（颠覆性）变化。当组织"自组织"地演化到临界值（"从量变到质变"的边界）时，某一个小变量极微的增量就有可能导致系统剧变。

4. 自组织演变的轨迹通常是非线性和突变的

所谓"非线性"，主要是指因果关系不清晰、自变量和因变量之间的变动比例不对等、事物之间的联系复杂多维；而"突变"则是指变化的时间、地点、方向、范围、程度上具有不确定性。也就是说，我们不知道或不太知道变化何时发生、何地发生、因何发生、后果如何等问题。非线性关系和突变，与分布式控制、多中心有关，同时源于复杂系统立体、网络化的传感、传输机制。

5. 自组织具有自我修复和自我演化的属性

一个组织，当能量耗散殆尽，陷入死寂状态时，只要是开放

的状态，能与外部发生能量、信息的交换，就有可能起死回生，重新恢复结构和功能。组织内部的运行、成长逻辑（密码和机制）在一定的条件下总是能让组织轮回再现并进化成长。尤其是有机生命体，如带有基因的一粒种子，只要有合适的土壤和气候条件，就有可能生根开花结果，并衍生出草地、森林、动物，直至演化出整个生态。近年来，随着杭州西湖周边环境的改善，苏堤边居然有了野猪的踪迹。人们不知道它们是从哪里来的，其实这就是大自然自组织（造化）的小小奇迹。

自组织化的意义

企业自组织化——组织形态朝自组织方向演变，是企业当今环境下进化的必由之路。

1. 以分布式创新应对技术、需求的多元格局

既然未来充满不确定性，路径分叉多向，那就不能完全依赖一个大脑来思考，不能完全依靠一个指挥中心来统一指挥、计划和控制。企业必须搭建一个创新的平台，在其之上形成多个自主自为的主体，它们自下而上地选择创新方向、确定项目、组合人员、整合资源，以小团队形态探索试错、突围突破。这样做有点"东方不亮西方亮"的味道，对冲了企业内部的创新风险，以弹性与灵活性应对不确定性。从企业整体看，这就构建了一个创新的生态。这样的分布式创新，将分散于组织内部及外部的智慧资源挖掘出来并加以利用，使组织有了开放、流动、弹性的无边界特征。

2. 以边缘性变革推动企业的转型

很多企业，主体业务的结构以及利益格局已相对固化。整体变革过程复杂、路径漫长、风险巨大，稍有不慎，便万劫不复。因此，局部、边缘性的试验、试错以及迭代式变革推进，就变得很有意义了——正如中国的改革开放起始于深圳等特区一样。边缘性创新代价小、方式灵活，即便不成功也无碍大局。而一旦试验成功，则不仅可以通过中心控制方式在企业内部学习推广，也可以通过自组织方式引发组织的整体变化。

3. 通过机制设计触动组织自发、自为地演进成长

前面谈到，自组织内部具有非线性关系，自组织变化往往呈现出突变性。在此情境下，加之环境的不确定性，企业的成长路径很难事先清晰地规划。但我们可以设计一些机制，赋予自组织"第一推动力"。这些机制包括分权授权机制、利益分享机制、内部交易机制以及自律机制。它们使组织内部产生能量和张力，会驱动、强化、放大组织的运动和变化，激发组织活力。我们可以通过调节这些机制，影响自组织运行的方向和过程。

需要指出的是，企业组织通常不是完全的自组织。它们往往同时具有自组织、非自组织（纵向控制型组织）两种属性。只不过不同的企业，两种控制机制的比重、成色及结合方式不同。因此，大部分企业的控制方式是立体、多样、融会的，整合了适合不同情境的多种手段，如文化的、制度的、信息的手段等。同时，对于原本属于纵向控制型的组织而言，只有通过控制中心的作用，自组织机制和形态才有可能导入和嵌入。为了使自组织正常运行、发挥作

用，控制中心有必要进行管理，如制定规则、维护秩序、整合资源以及提供保障。即使组织是完全的自组织（或基本上是自组织），为了特定的目的，为了使其发挥所需作用，也是可以对其干预的。比如改变输入、调整反馈（改变或增减正负反馈），甚至有可能不同程度地改变系统内部结构和机理。撇开社会性的企业组织，即便美国黄石公园这样的自组织生态，当狼绝迹、生态不平衡时，引入一些狼群也未尝不可，甚至可以取得超出预期的良好效果。人定胜天固然愚妄，但完全顺其自然，人类社会也无法生存和进化。

自组织管理

在理解自组织的基础上，现在我们来探讨自组织的管理原则和理念。

1. 自组织管理是分权型管理和自主型管理

分布式、去中心意味着结构扁平，组织中的小单元（个人及团队）在一定的权责边界内相对独立地朝着目标自主运行。但企业化小核算单位、实行内部承包，它们只是和自组织有些沾边，并不能说完全是一种自组织的机制。任何小生产式的组织架构和运行模式，都和自组织毫无关系。

2. 自组织管理是平台型管理

在多点驱动、无边界组合的组织形态下，管理的重心需放在平台打造上。所谓平台，既是供个体表现的舞台，也是价值创造活动的支撑和基础。平台也是多形态的，包括共享的资源平台、共同遵守的规则（制度）平台（前面提到的机制设计，往往包含在制度当中），以及作为协同纽带的信息平台。需要特别强调的是，规则平台是自组织得以成立和运行的前提和保证。没有指挥中心的鸟群，能够在空中组成多种有序的图形，原因在于每个鸟儿都遵循共同的规则，如"不能相撞""向中心靠拢""不得遮挡同伴的视线"等。

3. 自组织管理是整合型管理

分布式、去中心、多点驱动、边缘创新并不意味着组织四分五裂，它们都是产生系统效能（涌现）和组织功能的机制和途径。甚至可以说，这一切是为了组织更加健康，更具适应性，更好地进化。整合型管理，首先，要整合分散控制和统一控制的关系，明确自组织形态在何种情境下，运用何种手段实现统一控制（前面提到的打造平台就是统一控制的一种途径）。通过控制方式的整合，实现局部目标和整体目标、灵活性和协同性的统一。其次，要整合分散的资源和信息，将它们集中起来并加以利用。企业内部的"云服务（私有云）"则是这种整合的结果。再次，在一个大任务分解为众多小任务时，要整合各细分封闭模块（将小任务封闭起来模块化完成，可以简化流程和管理），通过较高层级的流程及时空节点管理，使其组合、匹配、对接，从而实现总体目标。最后，要在组织遭遇突变的情况下，整合风险防控阀门和手段，采用隔离、切割、启动应急机制、设定红线、统一价值观等方式，在一定程度上化解风险和冲击。

4. 自组织管理是文化型管理

对自组织而言，企业文化及价值观管理，具有独特而重要的意义。一方面，在不确定的环境中，具体的策略、行为都需动态化、弹性化，但为保证组织使命达成以及根本性安全，必须信守核心价值观和基本规则。在混沌的环境里，唯一能使企业不迷失的，是基石般的价值理念。处理复杂多变的内外部关系时，相机行事（权变）固然重要，但最终能消除、化解不安、焦虑和恐惧的，恰恰是一些基本原则。另一方面，在分布式、多中心的情形下，价值观是组织控制最重要的手段，有时甚至是唯一的选择。自组织的协同，也有赖于价值观的一致性。

价值流组织形态

在单一业务情形下，企业与之对应的组织形态（架构）通常是直线职能制。如何从这种传统的纵向控制型组织形态转向自组织形态？

第一，体现以顾客为中心的组织逻辑（见图 15-1），构建与顾客全面、深度融合的价值流组织。

价值流活动是企业直接创造价值的活动（核心流程），包括需求分析、产品企划和开发、采购、制造、营销、销售、售后服务等环节。其可延展至外部价值链。支持、服务活动是对直接创造价值活动起赋能作用的辅助流程，包括市场管理、技术（创新）管理等活动，也包括人力资源管理、财务管理、信息管理等活动。图中三个圆圈构成了服务链。价值流需向顾客开放，与顾客融合，使顾客参与其中。各类支持、服务活动亦需契合顾客需求，嵌入价值流活动。

图 15-1　以顾客为中心的组织逻辑

第二，按顾客导向原则，改变自上而下的纵向责权配置方式。从一线组织单元开始，根据每一层级组织为顾客创造价值所需的权力自下而上地确权、分责。在管理体制上，扩大员工、团队自主运作、决策的空间，激发其主动性和积极性。基层团队及员工权力越大，企业的自治化（自组织）程度越高。

第三，用流程而非权力连接因价值创造活动分工而形成的各个部门/机构以及更小的组织单元（职责模块及职位）。通过流程打破部门/机构之间的界限，使企业大部分活动不需要权力干预就能自发运行。

第四，成立由各个部门/机构人员参加的联合工作小组，共同完成特定任务。各类任务小组为非常设机构，但目标明确，责任权限边界清晰，并可自下而上地自主产生。同时，为加强部门/机构之间的协同，构建多种跨部门/机构沟通协调组织机制，如委员会、分类产品"链长"（通常由产品经理担任，负责某些产品研产销价值链运行的贯穿式协调）等。

第五，保持和增加部门/机构内部的职责模块/职位的弹性，为员工工作多样化以及角色丰富化创造条件；同时，根据部门/机构内部的职责和任务划分，进行更加灵活的人员组合。

双平台组织形态

在业务多元化的情形下，企业与之对应的组织形态（架构）通常是事业部制和矩阵式。从美的集团、华为集团等企业组织架构调整的实践看，这两种组织形态（架构）朝自组织方向演变，将成为双平台分合组织形态（架构），如图15-2所示。

图15-2 双平台分合组织形态（架构）示意图

在集团统一愿景和战略目标指引下，各战略业务单元/群（SBU或SBG）承担着集团多元业务增长和发展的责任。从业务内容和特征看，这些战略业务单元/群之间可能存在纵向相关关系，也可能存在横向相关关系，也可能没有相关关系。从组织形式看，这些战略业务单元/群可能是事业部，也可能是分子公司。总部对它们的管控模式、方法是不同的：对事业部或分公司，管控的主要手段是战略规划、年度经营计划和预算，以及一定层级以上的管理人员任免权限及重大事项决策权限等。对于真正意义上的子公司（不是仅有子公司之形的事业部），管控的主要方式是派人参加董事会和经营班子，参与股东大会、董事会表决等。无论什么样的组织形式及管控模式，战略业务单元/群均有自身相对独立的经营目标，均具有独立核算"地位"以及清晰的权力、责任、利益边界。它们在集团管理框架下，具有自主发展的愿望以及资源、体制条件。

通用要素平台是各战略业务单元/群共用要素（资金、技术、人才、供应链、数据等）的集聚和支持、服务和赋能平台。如果没有多元业务以及多个战略业务单元/群存在，通用要素平台也就没有必要设立。通用要素平台的意义，一方面在于提高资源共享程度和利用效率，另一方面在于从集团层面开发、积累基础性能力。而后者在当下更为重要。通用要素平台与战略业务单元/群之间，不是上下级管控关系，也不存在矩阵式管理结构，而是内部交易关系。只有这样，才能减少大型企业的内部复杂性，才能真正使战略业务单元/群摆脱掌握要素的平台的权力渗透。但是，通用要素平台可以与战略业务单元/群联合成立非常设任务组织，共同完成某个（些）战略任务；双方按契约进行责任、权力和利益的安排。通用要素的共享（平台如何服务，双方如何交易）方式和共享程度，涉及业务系统和要素平台之间的权力配置，在集中控制和分布控制之间是有弹性的。

双平台中的另一个平台是我们熟知的公共性管理职能（如战略管理、人力资源管理、财务管理、信息管理、运营管理、审计管理、法务管理、行政管理等）平台。这一平台是由企业集团层面的决策支持者、规则（制度）提供者、业务活动的支持、服务者以及某些管控行为的操作者构成。其管理权限以程序性审核为主。它们不能成为审批性权力机构，否则就会影响企业的自组织成色。

双平台组织架构是一种分合模式：分的是经营活动，合的是共享资源。它注重经营效率和资源效率的平衡，注重业务发展和能力培育之间的平衡，满足了不确定环境对组织进化的多重方向要求。

有些企业将通用要素平台称作中台；有的企业还提出了"大中台、小前台"的主张。在高科技及文化创意等领域，有些企业细分业务繁多，或者在同一业务框架下，细分品种甚众且品种切换速度较快，因此，构建为前台业务体系服务的技术、数据等中台很有必要。前台敏锐机动，中台及后台能力深厚；前台骁勇善战，中台（及后台）保障有力；这是基于业务多样性的、具有自组织特点的组织形态及运行方式。

叠加型组织

概要地说，朝自组织方向演进的企业组织，未来将具有更大的弹性和流动性，也更具叠加特征。㊀

1. 既是集中式控制，也是分布式控制

即既能聚合，又能分散；既是大企业，又是小企业。第一，企业具有统一的要素平台和管理职能平台；形成一致性强的企业

㊀ 施炜，苗兆光. 企业成长导航 [M]. 北京：机械工业出版社，2019：115-118.

文化、管理体系（规则）、信息系统等，形成要素共享机制。第二，在此基础上，各业务模块以及各项价值创造活动（研、产、销、人、财、物）模块，相对独立、自主自为地发展。第三，按照企业统一战略思想及战略规划要求，能以重大战略任务为纽带整合各个模块，迅速集结、大规模投送。必要时，相关业务及职能模块可以分散运作，体现企业排兵布局的灵活性和纵深。

2. 既无边界，也有边界

在互联网平台上，企业与顾客、合作伙伴可以直接、即时连接和互动，这为开放价值创造活动、实现内外部价值链一体化创造了条件。顾客及合作伙伴在哪里，组织就在哪里，当下已成为现实。在价值创造活动无边界的同时，价值网络（生态）上各个主体的权利是有边界的。否则，各主体就无法开展自主自发的合作和交易。同时，在互联网背景下，企业资源整合的空间更大、手段更多、效率更高，不求所有，但求所用的情形也更常见，但是各种资源（尤其是知识资源）的权利是有界定的。对企业来说，活动延展无远弗届，但责权机制泾渭分明。

3. 既是自由人，也是共同体

未来的组织，需要更加尊重员工，赋予员工更大的决策权限，给予员工更大的自主空间；同时，需要更加注重人与人之间的协同。就像一支顶级足球队，个体自由发挥和团队配合相互契合，相得益彰。

第十六章

流程体系构建

价值创造活动和流程体系

欲理解流程,需先理解企业的价值创造活动。

企业的顾客价值目标(系统输出的设定),是通过价值创造活动(系统运动过程)实现的。换句话说,企业所有的价值创造活动共同创造了顾客价值;顾客价值迭代的发生,即顾客价值增量从设定到变为现实,涉及企业全部价值创造活动。

在单一业务情形下,企业价值创造活动可以分为四类(见图 16-1)㊀。

图 16-1 中,牵引性活动是指引导发展方向、引导业务运行、控制业务过程的管理活动,即驱动、指引其他所有活动的活动。增值性活动是企业直接创造价值的活动和过程;就制造企业而言,

---

㊀ 施炜. 管理架构师 [M]. 北京: 中国人民大学出版社, 2019: 32-38.

其主要内容是"研、产、销";就服务企业而言,则是服务设计、服务运行、服务评估等。要素性活动是开发和配置人才、资金、技术、数据等要素的活动。支持性活动是支持增值性活动和要素性活动的管理活动。对应图 16-1 中的四类活动,我们可以把企业系统分解为战略系统、价值(业务)系统、要素管理(使能)系统和支持(赋能)系统。后两个系统合起来即为能力系统。

牵引性活动	战略管理	
	年度计划与预算管理	
增值性活动	价值流	
要素性活动	人力资本流	目标
	技术流	
	资金流	
	数据流	
支持性活动	财务管理	
	行政管理、法务管理等其他管理活动	

图 16-1　企业价值创造活动分类

在多业务情形下,企业全部价值活动是多个业务价值创造活动的叠加,同时包括由多业务衍生出来的平台性活动(公共性、平台性服务活动)以及支持性活动(总部各项职能管理活动),如图 16-2 所示。

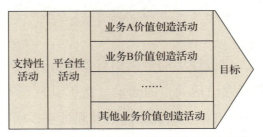

图 16-2　多业务情形下的价值创造活动分类

图 16-2 中，各项业务的价值创造活动理论上可以包括图 16-1 中所列的全部活动，但由于多项业务的公共活动通常会抽离出来，因此各项业务的价值创造活动一般情况下包括图 16-1 中所列的部分或大部分活动。平台性活动主要指各条业务线共享的要素性活动及服务性活动，如共有、前沿、基础技术的研发活动，资金统一筹措和使用活动，人力资源配置、开发活动，以及信息系统和共享数据服务、物流服务、顾客互动及售后服务等活动。支持性活动是企业（总部）面向各条业务线的行政、法务、公共关系等管理活动。

从管理角度，将企业价值创造活动优化、规范化和形式化，可以形成企业的流程体系。根据图 16-1 中的企业价值创造活动分类，我们可以得到企业（价值链完整的典型制造类企业）的一级流程框架（见图 16-3）。图 16-3 中一级流程共 16 个，与本人所著《管理架构师》一书中所列一级流程相比有所精简。作为参照，华为集团一级流程共 17 项；美国生产力与质量中心（APQC）的通用流程框架（Process Classification Framework，PCF）共 12 项。

图 16-3　企业一级流程框架示例

在一级流程基础上，我们可以进行二级流程、三级流程、四级流程……多层级流程分解（见图16-4）。每一层次自上而下的流程分解，都是操作过程以及方法的细化。上一级流程是下一级流程的任务定义，下一级流程是上一级流程的操作规范。通常情况下，如果某项工作可由某一职位/角色员工单独完成，那就不需要再细分了。到了无须细分的层次，流程就与特定职位的作业指导书相衔接了。

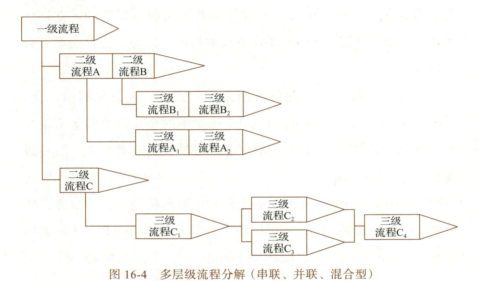

图 16-4　多层级流程分解（串联、并联、混合型）

流程体系设计

流程及流程设计，是一项涉及面广、复杂程度高且工作量巨大的管理工程。一些中小企业在流程体系建设中遭遇了许多困难，主要原因是缺少流程设计所需的专业能力。在此，我们对如何设计流程，如何构建流程体系，提出若干原则性建议。

1. 关于流程体系的目标

第一，设计流程体系时，需理解和遵循企业各类价值创造活动的特点和规律，同时解决"做正确的事"（做什么）和"正确地做事"（怎么做）的双重问题。上一级流程规定下一级流程"做什么"，下一级流程明确"怎么做"（见图16-5）。

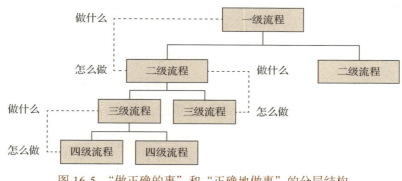

图16-5 "做正确的事"和"正确地做事"的分层结构

第二，所有流程均围绕顾客价值目标，协同生成、创造顾客价值；每项流程在顾客价值总目标之下，均有特定的目标任务和指向，均是端到端的闭环。所谓"端到端"，是指以流程服务对象（内外部顾客）的需求分析为起点，以其需求满足为归宿。

第三，流程设计的主要目的在于为列车抵达终点车站铺设高速轨道，而不是设置限制列车通行的红灯（审批、监督、检查环节）。除了非设不可的少数限制点，应尽可能少设红灯。不能将流程设计变为权力分配，不能借助流程设计（或变革）增加权力干预（审批、会签等）环节。

第四，流程体系构建的基本逻辑是自上而下的分解和细化，但有时也需将细微的工作、活动自下而上地进行归拢、合并，以实现管理的模块化以及工作的丰富化。这样既提高组织的运行效率，也增进组织的人文关怀。

2. 关于流程协同和责任

流程是基于活动/工作分工的组织协同机制。流程设计需关注跨部门互动活动和部门之间上下环节的工作衔接。对于多部门的合作事项以及与之相关的沟通、讨论、决策等活动，需设计细致的运作流程及操作要求；需通过标准化流程规范相关主体的合作行为，减少流程运行过程中部门之间的摩擦。

流程协同的前提是流程责任的界定。每项流程，均需设定对流程结果承担责任的流程主人；流程中的每个环节，均需安排完成相关工作任务的责任主体（个人或团队）。

3. 关于流程的可操作性

如果把端到端的流程比喻为连接两个地点的路，运筹逻辑的要求就是设计出两点之间最短的、效率最高的一条路。这是从客观原理角度而言。但考虑到现实中人员的能力局限、不同利益相关者的利益诉求等（人性逻辑），业务流程往往不能设定为理论上最短、最高效的路径。因此设计流程时，既需追求运筹逻辑之最优，亦需考虑人性逻辑之可行，需寻求运筹逻辑与人性逻辑之间的平衡。⊖同时，需注意避免流程设计中常见的能力不匹配和人性预估错误。

流程设计的过程是企业内部多个部门共同"立约"的过程。

⊖ 王春强. 管理：以规则驾驭人性 [M]. 北京：企业管理出版社，2017：02-03.

如果没有相关部门的认可，流程注定是缺乏操作基础的。因此，流程设计需要事前论证，在事先博弈中形成共识。这也意味着流程编制不能闭门造车。事先博弈不充分，未达成均衡，就有可能在流程执行中出现事中博弈，从而影响流程运行效率，甚至影响流程的执行。

流程是价值创造活动的剧本，需周全、连贯、简明、贴合实际。每项流程均需有一定的抽象性和平台性（例如产品开发流程能适用于多种产品开发），但又需有特定的应用情形和场景，使流程执行者能最大限度地按图索骥、直接使用。可以这样说，每项流程应在具体内容中蕴含抽象的程序、结构和形式。

抽象化的流程即流程模板。流程及流程体系设计时，需开发并形成流程模板——标准化的体系结构、内容要求、形态、格式、编码等，构筑流程复制、共享、升级、变革的基础和平台。

4. 关于流程体系的规划

任何企业都不可能在较短的时间（比如半年、一年）内把流程体系全面、精细地设计编制出来。因此，流程体系的建设，需由粗至细、由主至次、统一规划、分项实施，循序渐进地推进。规划时需考虑的主要影响因素有以下几个。

第一，环境挑战。任何企业都会遭遇环境变化。新环境会对企业提出不同层次、不同领域的调整、变革要求，会赋予企业新的使命和任务。在此背景下，企业需有与之相对应的战略举措和动作。而与回应环境变化相关的战略性流程，则需放在首要位置。此外，企业有可能陷入环境突变所引发的紧急形势之中。那些化解企业与形势之间的紧张、解决新形势下难题的流程，则需快速设计和实施。

第二，价值贡献。这是决定流程详略和建设顺序的基本因素。对顾客价值贡献最大的业务流程，需要优先和细化设计。企业价值链的重心在哪里，流程建设的重点就在哪里。从我国企业流程体系建设的实践看，科技类企业往往将研发流程作为优先级和重点流程，而规模制造类企业则首选供应链流程。

第三，企业规模和生命周期。经营规模和人员规模较大的企业，流程建设的必要性显然要比小规模企业大得多。这主要是因为较大规模企业的治理方式需从人治转向法治，而法治的基本手段就是流程体系。流程的详尽程度体现了法治的完备程度。从企业生命周期看，企业成长到一定阶段，就会摆脱直接干预和控制，按既定的流程自主、自发地运行。因此，流程体系建设的进度和节奏应与企业规模的变化、企业生命周期的演进相匹配。

第四，可靠性和安全性要求。某些行业（如化工、通信设备、核电运营等）的企业，对主要价值创造活动的可靠性、安全性有较高（甚至超高）的要求。它们的风险偏好低，通常需要通过严格的过程控制，减少、消除运营过程中的错误和隐患。而过程控制意味着流程控制。

第五，运行瓶颈。简要地说，企业价值创造活动中容易出现扯皮和摩擦的地方，效率低下、连接不畅的地方，常出品质事故以及各种错漏的地方……就是流程设计、编制的优先、重点领域。从现实中的矛盾出发，以问题为导向，是企业流程体系建设的一项基本原则。

流程型组织

流程型组织是流程驱动组织运行、流程连接职位和部门（机构）的组织。它具有一定程度的自组织属性，从组织动力学角度看，其组织动员、集结、运作的动力来自外部顾客需求以及由外部顾客需求转换而来的内部顾客需求。流程型组织有三个标志：第一，价值创造活动/流程是一条连续流动的河流，如果没有人为切断，它能够冲破部门边界和部门壁垒（墙）。第二，大部分事项不需要纵向命令指挥及权力干预就能自发运行；部门之间、职位之间以需求为信号横向联动；员工按流程标准自主操作，对结果而非上级负责。第三，企业依据流程体系形成纵横交错的高效率协作网络（包括外部价值网络）。

我国优秀企业中，华为是典型的流程型组织。但是，真正学到华为流程建设经验、成为流程型组织的企业并不多。不少企业在从传统垂直指挥型组织向流程型组织转型过程中遭遇重重困难。原因何在？笔者将影响、决定企业流程化转型的因素概括为三个（见图16-6）。

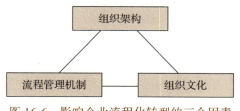

图 16-6　影响企业流程化转型的三个因素

1. 组织架构

绝大多数企业都是先有组织，后有流程的。当然构建组织时，企业通常会粗略地考虑业务活动及职能活动的大逻辑，但全面、细致的流程体系基本上没有。一旦组织架构形成，部门（机构）边界和部门（机构）利益则随之出现。按照结构产生能量的原理，企业组织形态和结构对组织运行方式及其运行效率、效果无疑会产生重大作用。流程建设在既有利益格局、权力格局之下形格势禁，难以取得进展。

早在20世纪90年代，流程再造理论的首创者迈克尔·哈默在其著作《企业再造》《超越再造》中就曾倡导建设流程导向型组织，呼吁打破组织结构的束缚。[一]如何做到呢？在参考迈克尔·哈默流程再造理论的基础上，我们提出以下建议。

第一，遵循流程决定组织的原则，先将企业价值创造活动转化为流程，再依据一、二、三级流程框架（通常无须至第四级流程）制定组织分工方案和组织框架，即活动流程化，流程组织化。这样，虽没有解决因组织分工所形成的部门（机构）割裂问题，但是起码保证组织架构符合顾客价值创造的逻辑，减少流程和组织之间的错配、不贴合和矛盾。

第二，将一些较小的活动/职能模块及组织单元合拢成较大的活动/职能模块及组织单元，减少流程的组织接口，如图16-7所示。在较大的组织单元内部，可采取灵活多样的连接、协同方式（包括流程方式）。

[一] 迈克尔·哈默，詹姆斯·钱皮. 企业再造[M]. 王珊珊，等译. 上海：上海译文出版社，2007. 迈克尔·哈默. 超越再造[M]. 沈志彦，等译. 上海：上海译文出版社，2007.

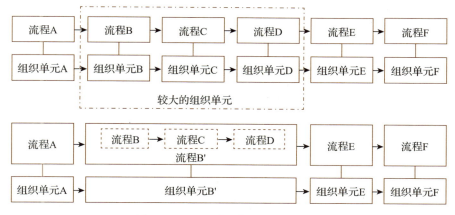

图 16-7 组织单元合拢和流程简化

图 16-7 中的流程 A、流程 B……可以是某个流程的内部环节，也可以是某个流程（上一级流程中的各环节是下一级流程的目录和定义）。组织单元 A、组织单元 B……可以是职位，也可以是部门等。需要指出的是，组织单元合拢不是清除组织单元，而是将多个责任主体变为一个。例如，某企业生产部门需要招聘一批工程师，原先需要经由人力资源部门若干个职能模块（组织单元），如组织发展（编制）、任职资格、招聘、薪酬等审核同意，现在改为生产部门向人力资源部门提出需求，人力资源部门作为一个整体在事先约定的时间内给出答复。该事项在人力资源部门内部可能仍然需要走流程，但这些内部流程对外封闭起来了。对需要用人的生产部门来说，流程简化了，审批主体减少了。

第三，构建跨部门的组织机制，如任务/项目小组、委员会等，协同运作流程中需要多部门参与和合作的事项，共同完成特定的目标和任务。尤其是价值流主流程中，几大串联流程接口处两侧的责任主体双向融入对方的流程，如研发部门参与市场部门的需求分析活动,市场部门介入产品开发;生产部门参与研发部门的产品试制,研发部门对市场部门提供服务和辅导等,这时只能以跨部门小组为依托。

第四,用矩阵的形式将职能制组织和流程型组织结合起来,将企业单维控制模式改为多维控制模式。在多管理维度、多权力方向情形下,主要用流程来协调组织运行。此外,就制造类企业而言,在产销双方、研产双方容易产生争议、不易达成博弈均衡的环节,将责任主体矩阵化:既属于 A 部门或 A 系统,又属于 B 部门或 B 系统。例如,产品企划环节的责任主体既属于市场部门,又属于研发部门。再例如,将生产计划部门和销售计划部门合二为一:既是生产系统的生产计划部,也是销售系统的销售计划部。尽管矩阵式机构有两个汇报方向,但协调的范围变窄了:以部门内部的平衡替代了部门之间的平衡。

2. 流程管理机制

流程管理机制是以流程为管理对象的管理方法和手段的组合,是以流程有效执行、打造流程型组织为目的的管理闭环,是管理流程的流程。没有流程管理机制,就不可能有流程型组织。前者是后者的充分必要条件。

流程管理机制主要包括以下环节(见表 16-1)。

表 16-1 流程管理环节

环节	管理行为	责任主体
流程规划	①分析流程体系建设需求 ②确定流程体系框架和企业流程目录 ③制订流程体系建设规划;制订流程分项开发、设计计划	流程管理部门,如总裁办、管理变革部、运营管理部、流程与信息部等;企业高层;所有业务和职能部门

（续）

环节	管理行为	责任主体
流程设计	①对价值创造活动进行梳理 ②讨论、编写流程方案及文本 ③实现流程电子化、信息化 ④流程草案试运行及修改 ⑤确定流程方案及文本	相关业务和职能部门、流程管理部门、信息管理部门、内外部人员组成的流程设计小组、企业高层
流程执行	①批准并公布流程方案及文本 ②培训、辅导与流程相关的责任主体（部门及人员） ③安排流程导入活动，赋予流程生命 ④相关责任主体在执行流程过程中总结流程执行经验，发现流程运行中的问题	企业高层、相关业务和职能部门、流程管理部门
流程监督	①审查业务操作及价值创造活动过程是否符合流程标准和要求，校正不合规范之处 ②对流程进行审计，评估流程效率和效果，提出流程修改意见 ③建立流程优化即时触发机制，发现问题及时归集、分析，及时启动流程优化进程	流程管理部门、审计部门、信息管理部门、相关业务和职能部门
流程优化	①解决流程运行过程中存在的问题，优化流程相关要素（活动内容/事项、责任主体、时间规定、操作规范等） ②对流程做出较大幅度的调整、修改，进行流程更新	流程管理部门、信息管理部门、相关业务和职能部门、企业高层

为确保流程切实得到执行，为使企业真正成为流程型组织，流程管理机制构建和运行时需注意以下几点。

第一，从流程规划到流程优化，几乎所有环节均需企业高层参与、统筹和推动。在企业流程体系建设初期，需用权力来消解权力型、命令型组织形态，推动组织朝契约化、法治化和自组织方向转型。

第二，各业务部门和职能部门通常是与其活动、职责相对应流程的主人（责任人）。跨部门的企业级流程，应由企业高层担任责任人。设立事业部的企业，事业部内部的价值创造和价值流主流程，则由事业部领导担任责任人。流程责任人不仅要对流程结果负责，而且要对流程建设负责，要在流程管理机制的各个环节中发挥主体作用。

第三，流程管理部门以及信息管理部门需配备既懂业务又懂管理及信息系统技术的复合型人才，需建立流程信息化、数据化的能力体系。此外，通过跨部门小组、咨询型委员会（可包括外部专家）等组织机制，支持、帮助流程设计和落地。

3. 组织文化

组织转型都是在一定的组织文化背景下发生的。组织的文化传统会对组织转型产生重要影响。企业从命令型、人治型、集中控制型组织向流程型组织转型过程中，常常受到非流程文化的羁绊和干扰，主要有以下表现。

首先，权力文化妨碍企业流程化运作。主要表现在三个方面：一是延误流程体系建设，或将流程体系束之高阁；二是在流程中添置不必要的权力干预环节，以流程优化之名行权力扩张之实；三是随意调整、改革流程，消解其权威性。欲消解权力文化的不利影响，一方面需在企业内部弘扬法治文化、契约文化和协同文化；另一方面需通过长期、坚韧的努力，防范企业外部不良文化的侵蚀。

其次，过于关注结果，缺少过程保障理念。其根源是急功近利，缺乏科学精神。流程文化既关注结果，也关注过程，强调过程合理和过程合规。这意味着以过程的确定性消解结果的不确定性。就像排球比赛，只要把每一个动作、每一次配合做到位，就能极大地提高比赛获胜的概率。解决重结果、不重过程思维和行为习惯问题的方法，是坚定不移地导入流程、执行流程和培养流程化操作的习惯。这里似乎陷入了逻辑悖论：之所以不能成为流程型组织是因为缺少流程文化，而建立流程文化，又要先建设流程型组织。其实，在企业管理实践中，可以通过具体的管理行为，例如华为引进IBM专家提供流程建设咨询服务，构建流程与塑造文化，两者同步发生；久而久之，则会形成组织和文化之间的互动。

最后，隐性规则替代正式规则。这既是行为特征，也是文化习惯。有些企业长期以隐性规则（包括流程）支配业务运行和价值创造过程。这样做，有很明显的弊端：一是高度个人化的隐性流程或许会产生符合期望的效果，但既难以传承和复制，也难以凝聚众多参与者的智慧；二是非公开、非规范运作容易滋生腐败；三是企业无法构建隐性流程的迭代及管理机制。简而言之，隐性规则无法组织化和平台化。解决这一问题的主要途径是企业领导者先将与自身相关的隐性流程（如战略管理、经营计划制订、干部任用等）正规化和公开化，再推动企业整个流程体系建设。企业领导者的行为变了，整个企业的风气也会随之而变。

流程数字化

数字化时代，企业流程建设的一项重要任务是流程数字化。这也是企业数字化工程的主要内容。其主要含义是在企业信息化建设的基础上，以信息系统为依托，实现流程之间、流程内部的各事项（环节）之间的数字连接（即互联网上的连接）。也就是说，企业的全部价值创造活动和过程具有电子化、数字化和互联网化的形态和特征。具体而言，流程数字化包括以下内容和步骤。

第一，增加顾客的数字化体验。现在不少中小企业领导者，对数字化建设感到茫然甚至惶然。笔者建议从市场急需的、创造顾客价值的领域以及简单易行、见利见效的项目开始。有些产品和服务，本身就有信息、内容及知识服务属性，转变为数字化形态是顺理成章、势所必然的，例如将线下会议、教育、医疗等业务转到线上运营。更多的产品和服务，过去以实物、物理场景、现场活动为主要要素，现在则需增加数字化含量，使顾客在其满足需要的各环节都能获得数字化服务和体验。[一]例如，快递公司通过手机 App 或微信等通信工具将货物流转和服务信息（货物已到何处、何时派送等）动态告知顾客；装修及家具定制企业设计人员就设计方案与顾客进行线上交流；工业设备提供商通过远程通信手段对设备运行情况进行实时监控，提供线上维修服务；等等。

第二，实现流程、数字一体化。无论是直接创造价值的核心流程，还是支持核心流程的辅助流程，都将其中的信息流转变为数字化形式和工具。端到端，以发现顾客需求为起点，以满足顾客需求为归宿的价值流，凭借数字化不仅可以更好、更快、更直接地理解顾客需求，无边界、无缝隙地与顾客交互，还可以满足顾客的个性化需求，支持多品种、少批量、多频次、快节奏的商

[一] 迈克尔·韦德，等. 全数字化赋能 [M]. 瑞士洛桑管理发展学院，译. 北京：中信出版集团，2019.

业模式。同时，数字化可以使价值链运行效率更高、运动速度更快、内部连接更顺畅。如果将数字化延伸至企业外部价值链（上游供应链、下游渠道链），则会有效提升整体价值网络的信息共享、协同契合程度。在统一规则的前提下，价值链数字化可以分环节（如研发、制造、营销）逐步推进。从流程数字化实践看，有的企业从研发流程（IPD）起步，有的企业从集成供应链流程（ISC）起步，有的企业则发轫于营销（CRM）流程。

第三，以数据驱动流程运行。在数字化的价值流中，数据是流程运行的牵引和连接因素。在某些流程（以规范性、作业性流程为主）中，数据规定了其内部每个事项的要求（标准）及参数，每个事项的责任主体（个人或团队）据此工作，在大多数情形下不需要上级指令（见图16-8）。同样，数据驱动可以扩展至流程与流程之间。显然，以数据为纽带的流程连接，不仅有利于提高流程运行的精准度和效率，而且有利于企业扁平组织架构的运行，减少管理成本。

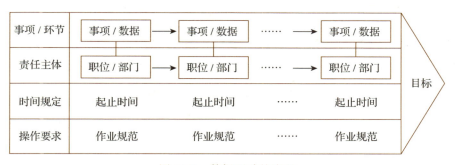

图16-8　数据驱动的流程

第四，开发数据资产。在流程、数字一体化的基础上，形成横向到边、纵向到底的数据流网络。通过对数据流的管理和应用，使之成为生成和创造价值的要素。同时，通过各种途径，将外部数据内部化，使之成为企业所能利用的资源。无论数据来源如何，均需不断扩充、丰富数据资产的形态、种类、规模，拓展数据资产的用途，利用数据资产创造效益，使数据资产增值（边际收益递增）。在所有数据资产中，顾客类数字资产，作为顾客核心价值来源的技术、知识类资产以及作为管理经验积淀的管理体系资产，尤为宝贵和重要。

第五，创新解决问题的算法。数据和人工智能的结合和互动，即人们常说的机器学习，是数字化时代企业竞争力提升的重要途径，也是企业进行辅助决策的有效手段。而人工智能的效力一方面取决于数据的规模和结构，另一方面取决于算法的精准度。有些算法是基础性、通用性的，有些算法则需要在通用法则的基础上针对特定问题和目的进行创新。

第六，构建数字化管理机制。在价值创造活动的各个环节，在组织的各个层级，尽可能构建和导入公开、透明、可测试、可计算的数字化标准，作为提高品质和效率、持续改进的手段。同时，建立企业内部数字化服务平台，提高数据共享程度，增进组织内外部的沟通和协同，为弹性、无边界组织以及自组织的运行提供保证和支持，使组织的各项赋能功能更好地实现。

企业进化的引领和约束：组织文化及领导

企业文化的定义和评价标准

在管理学理论中，可能没有哪个概念像企业文化这样具有多重含义：

——企业文化是组织（专指企业组织）及共同体的共用价值观，是企业利益相关者统一的价值立场和约定；

——企业文化是组织的基本规则和内在秩序；

——企业文化是企业处理内外部关系的原则；

——企业文化是企业生命体的基因，是组织的传统和组织成员的习惯；

——企业文化是组织的氛围，是每个组织成员置身其中的精神之"场"；

……

从功能角度看，企业文化是连接、凝聚组织成员，使组织协同运行的结构性因素，是企业进化的牵引和约束。企业文化理论创始人之一埃德加·沙因曾对企业文化做过这样的定义：一个群体的文化可以被定义为群体在解决外部适应性和内部整合性问题的过程中所累积的共享习得的产物；其有效性已被充分证明了，因此，被传递于新成员以要求其以正确的方式来认知、思考、感知和行动。这种累积式的习得是一种建立在理所当然的基本假设基础之上的，并最终以无意识状态存在的信念、价值观和行为规范的模式或系统。[一]

企业文化是企业组织长期与环境交互的产物。它既沉淀了企业过往适应环境的经验，同时也蕴含着企业应对未来挑战的密码。欲使企业文化成为影响企业长期成长、进化的最重要的慢变量及基础性变量，首先需解决其合法性问题。即什么样的企业文化才是好的企业文化，才是企业共同体及组织成员所真正需要的企业文化。企业文化固然重要，但它本身并非检验企业一切行为、活动的终极标准。企业文化的优劣高下在一定的时间和空间背景下是可以评价的。一些相对主义的言论，诸如"企业文化无所谓好坏，只要合适就行"等，都是没有把握住企业文化本质属性和普遍规律的投机说法。在我看来，评价企业文化的标准（亦即合法性标志）有两个：一是效率标准或绩效标准，即企业文化是否有利于企业的成长（做大做强），是否有利于企业面对变化、不确定的环境做出使自己"活下去"（生存和发展）而不至于沉陷的选择。二

[一] 埃德加·沙因，彼得·沙因. 组织文化与领导力（第五版）[M]. 陈劲，贾筱，译. 北京：中国人民大学出版社，2020：006.

是人心标准。即企业文化是否符合组织成员心中的公平正义原则，是否符合人心所向；进而言之，是否符合人性。"水的美，鱼知道"，这是一首与中国传统美学有关的歌曲中的一句歌词；企业文化美不美，企业中的每一个成员认知最直接，感受最真切。

企业文化对于企业进化的意义和作用

从企业进化角度看，文化机制的功能主要有以下几个。

1. 企业文化是组织运行、成长和进化的约束

约束是企业的文化自觉，是组织及组织成员根本性的遵循、自律和敬畏。约束是企业进化的方向、保证和基石。无正确约束的进化，是企业走向衰败、毁灭的不归之路。企业文化对组织进化的约束体现在两个方面。

第一，天道约束。对企业来说，天道就是顾客价值原则以及客观规律。它们蕴含、体现在企业的价值观和理念体系之中。约束不需要唱高调。恪守顾客价值理念，坚持以顾客为导向，是最基本也是最重要的约束。同时，无论环境如何变化，企业成长、进化都存在客观规律。接受规律的约束，意味着遵循已经被实践所证明的原理，这为企业进化确定了坚实的轨道，减少了无谓的折腾。任何企业，不按规律做事，就会走弯路，就会欲速而不达。需要指出的是，客观规律中包含了自然环境、社会环境对企业的要求以及与企业关系的界定。因此，企业的环境友好和保护理念、社会责任和社会和谐理念，都是对客观规律的尊重和遵循。

第二，人道约束。这里的人道，不是"人道主义"语境下的人道，而是组织文化中对人性的假设以及组织文化所依循的基本伦理。它们是人类社会在长期进化中沉淀下来、植根于每个人心中的核心价值理念以及社会成员处理相互关系的道德准则。违背这些伦理，人及组织的社会属性就不复存在，组织也就无法凝聚和运行。企业所遵循的人道主要包括平等、尊重、仁爱、恻隐、公正、公平等。接受人道约束，意味着尊重传统，敬畏良知；意味着尊重人性，以人为本。在人道约束下，企业组织需为其成员提供符合他们期待的文化环境，创造使他们成长发展的文化土壤。在恶的企业文化下，他人即地狱；在善的企业文化下，人人如沐春风。我国某些民营企业对人尊重、重视不够，将人视作工具，这种理念及做法不利于激发组织成员的自主性、创造性，也不利于企业组织和谐成长和长期演进。

2. 企业文化为组织进化提供了持久、根本的动力

企业属于责任和功能组织——通过功能承担，完成责任。企业的责任，显然不仅仅是绩效，它包括了绩效，但超越了绩效。在某种程度上，绩效是通往最终责任目标的桥梁。在此，我们稍微谈点有关企业目标的认知历史。在公司这种社会组织出现之后相当长的时间内，人们普遍认为其目标是利润最大化（类似于绩效导向）；当投资者资本主义出现之后，很多人主张企业目标是股东价值最大化；当这一主张引发许多问题（例如追求短期市值目标）之后，加上知识型组织的到来，人们普遍认为企业的目标是利益相关者共同利益最大化。这里的"利益相关者"，包括外部的顾

客、合作伙伴，也包括内部的股东和员工，有利益均衡、合作共赢的含义，有相融共生的生态意味。在此基础上，企业的责任目标上升为使命——企业长期、高远、矢志不渝的追求。这是企业文化的核心，是企业进化的根本动力和牵引。它超越了企业战略层面的追求（本来企业文化就是比企业战略更高一个层次的"元规则"），包含企业组织对相关主体的责任承诺。德鲁克的"使组织富有前途""使员工富有成就""创造顾客"等，就是对企业使命的精辟概括。今天，企业的使命除了顾客价值、股东及员工利益之外，又多了社会责任的内容。企业组织在社会中的功能和作用，又进入了一个更高的层面；企业的价值主张，又进入了一个新境界。

3. 企业文化为组织运行和进化确定了基本规则

企业是由多个主体在一定的规则纽带联结下组成的共同体。这个共同体欲存活和演进，最重要、最核心的因素是参与者共同认可、遵守的规则，而这些规则，要么是企业文化本身，要么由企业文化衍生而来。企业是利益共同体，其组织规则的主要内容，首先有对各主体权利和责任的安排和厘定。权利意味着各主体的地位，意味着各主体不受侵犯的保障，意味着各主体保护自身利益的力量。在企业组织的规则中，必须先确定各自的权利，然后确定各自的责任。股东有股东的权利，企业成员有企业成员的权利，共同承担对顾客、伙伴和社会的责任，同时彼此之间承担责任。企业文化中，对相关主体权利及责任的合理设定，是企业纷争减少、长治久安的基石。其次，企业组织规则有组织内部冲突的化解、处理原则。具有张力的企业，内部必然有竞争和权力、利益冲突存在，但冲突的方式、程度以及后果需要控制在一定的边界之内。无序、恶性、无底线、不择手段、零和博弈的争斗，会严重消耗、损耗组织力量甚至危及企业生存。因此，组织规则务必提供公平、公正、公开竞争的程序平台，禁止破坏团结合作的内耗行为，设计、制定组织内部增进信任的机制和准则。

4. 企业文化是组织适应环境变化的引领因素

企业文化的功能之一，是在企业组织中积淀一套深层次的认知密码、思维逻辑和价值倾向，帮助企业认识环境、认识自我，进而在面对内外部变化时做出应对决策。当环境发生或将发生重大的、结构性的（或"颠覆性"的）、突变性的变化时，不仅战略要变，其背后的企业文化也要变。从适者生存的角度看，企业价值观体系和认知方式（思维方式）与时俱进，引导、驱动企业适应新的环境，既是企业文化最重要的功能之一，也是企业文化应有的特质。人类学家发现，决定人类部落、种群（社会）兴衰成败的因素，除了自然因素如气候、灾难、地理位置等，最重要的是环境变化之际、历史拐弯之时的文化选择。例如，有的古老部落坚持杀人祭祀，致使人口减少，从而在部落征伐中被灭绝。有的社群在自然条件恶化、收成减少的情况下，不改变奢侈性消费，亦无开发新的生产力体系的愿望，最终所有成员饿毙旷野。[一]企业组织中也有类似情形。尤其是在当下互联网时代、新的工业革命方兴未艾之际，文化选择错了，企业的进化就有可能停滞甚至中止

[一] 贾雷德·戴蒙德. 崩溃[M]. 江滢, 叶臻, 译. 上海：上海译文出版社, 2008.

（生命力萎缩并走向衰亡）。文化的动态适应性，是企业生命力显著、重要的标志。

如果用一个词概括企业组织最重要的价值主张，我认为应该是"关爱"，包括对顾客的关爱、对社会的关爱、对组织成员的关爱。它是理性和情感的交融（内在逻辑是法理情）。使命感是关爱的集中体现，合理的组织规则以及文化的动态适应，是关爱的理性形态。它不是不讲原则的庸俗之爱，亦不是不讲大局的狭隘之爱，更不是优柔寡断、纵容姑息的妇人之仁，而是从企业共同体和社会整体角度的大仁大义大爱。以爱为旗、爱意浓厚的企业，在进化的漫长、艰辛过程中，最有可能成为优胜者。

进化型领导者

领导者——企业的核心或高层管理团队成员，是组织成长、进化最重要、最关键的能动因素。企业文化及战略，需通过领导者的行为而发生作用。纵观企业组织的兴衰成败，领导者是决定性影响变量。其自身的进化，是组织进化的前提和保证。

在此，我们提出进化型领导的概念。其引领、推动企业进化的领导力特质和行为特征有以下几点。

1. 强烈的使命感

使命感是企业领导者的精神境界和自我意义的追求。具有使命感的领导者，对企业怀有宗教般的信念，恪守企业至上原则；有强烈的成就动机、责任意识和进取精神；有志向高远的战略蓝图，不被外部机会所诱惑，不轻易改弦易辙，聚焦于核心业务和关键要素，关注影响企业长期持续成长的基础性变量；时刻保持危机意识，有创新变革的强劲冲动；同时，有攻坚克难的勇气和信心，有水滴石穿的意志，甘当苦行僧，长期坚持艰苦奋斗。在不确定的环境中，只有在使命驱动下，企业领导者才有可能率领组织成员，在长期进化的艰难征程中，披荆斩棘，克服无数困难，高质量地实现一次又一次的迭代。这是我们在领导力构成中强调使命感的主要原因。

笔者曾经从领导者价值取向（价值偏好、价值追求）和价值实现手段两个维度，对企业领导者做了分类（见图17-1）[1]。

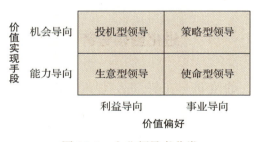

图17-1 企业领导者分类

企业家及企业高管朋友可以参照图17-1，看看自己属于哪一类领导者。

2. 长远、宽阔、系统的战略思维

长远是从时间角度说的，意指思考战略问题、分析战略变量、判断战略趋势、制定战略目标及方案时，尽可能将时间轴右移，

---

[1] 施炜. 重生[M]. 北京：东方出版社，2016：32.

使企业的各项战略性价值创造活动具有长期意义。宽阔是从空间角度说的，意指战略思考的变量有宽广的范围和立体的维度，战略扫描和选择的扇面有开阔的角度。需要指出的是，战略思维的宽度和企业业务选择的宽度并不必然相关；拓宽思维的宽度，往往是为了更加精准地选择，而战略聚焦的前提是对所有可行方案的搜索和认知。系统思维是指战略思维的关联性和结构性。企业进化是多个因素、变量、环节相互关联的整体性进化，只有系统思考才能把握其方向、路径和过程。本书前言中提到的企业进化的"算法"（逻辑），就是系统思考的产物。

战略思维往往意味着更"空"的认知。"空"既是一种谦虚、纯真、自由的心态，也是一种慧明、灵动、敏锐的思维方式，意味着不固执、不僵化，意味着开放，意味着创造力和想象力。"空"的认知，更易于察觉变化，易于发现远方可能引发突变的蝴蝶。

下面我们换个角度，看看战略思维为什么会发生偏差。

第一，利益拖累。表现在两个方面：一是企业领导者的个人目标、追求和企业目标、追求不一致，企业领导者为实现个人利益做出损害企业利益的选择。二是战略决策时，受现有利益格局的影响：或者患得患失，在现在与未来、长期与短期利益关系之间找不到平衡点；或者迁就既得利益群体，拖延、弱化创新和变革；或者在短期利益驱动下，走上投机主义道路。

第二，自我循环。以往成功的经历和经验，在企业领导者和管理者的头脑中会留下深刻的烙印。过去的成功越大，思维定式和路径依赖往往越严重。当环境变化之后，认知和思维模式若不改变，就会陷入自我循环——从脱离实际、过分主观的概念和前提出发进行推断和分析。论证得越详细，距离实际情况越远。如果企业领导者自大狂妄，就会加重"自我循环"的病情。

第三，认知瓶颈。当企业发展到一定规模和层次时，企业领导者需处理的内外部信息及变量，无论是跨度、层次还是复杂程度都扩展和增加了，其原有的经验、知识、算法（处理信息的方式）往往不能适应。这时，就会出现战略思维能力瓶颈，表现为抓不住问题本质，无法厘清复杂因素之间的关系以及问题所涉及变量之间的关系，缺乏大局观，思考停留在表层等。

3. 扎实的实践智慧⊖

进化型领导知行合一，有明确的价值理念和战略方向，也有实现目标的管理动作以及可行的方法、举措。所谓实践智慧，是指在实践中积累起来的能达成目标、把事情做成的智识和才能。实践智慧的认知及行为特征主要有以下几个。

第一，重视结果，追求理想，但对于制定目标的方法、途径，采用实用主义原则，吸纳一切有利因素为我所用。

第二，客观冷静，很少情绪化，具有理性素质。

第三，善于把握灰度和平衡；能够将原则性和灵活性结合起来；能有效处理进与退、变与守、新与旧等矛盾关系。

第四，实事求是，因地制宜；不搞形式主义，反对烦琐哲学，简明高效，直接解决问题。

第五，对重要问题进行深度思考；不做无把握之事，不打无

⊖ 野中郁次郎，荻野进介. 实践智慧：商学院绝对学不到的诺曼底领导力 [M]. 陈涤，译. 北京：中信出版集团，2019.

把握之仗。

第六，关注细节，耐心谨慎，步步为营；不厌其烦，持续迭代。

第七，注重经验总结，能够举一反三；遵循科学理念，重视内部知识模型、模板的积累和开发。

第八，遭遇困难和挑战，处于不利局面时，不激进盲动，也不消极无为；意志坚定，具有韧劲；积极寻找、尝试破解问题的方法。

4. 平常的领导者（平常人格）

平常的领导者首先是个平常人，具有平常人格。只有做个平常人，才会有平常心。有了平常心，才能体察、理解普通人的喜怒哀乐，才能真正平等待人，关爱员工，融入组织。

平常的领导者尊重常识和规律；认知事物时，有细致、真切的实感，能够直抵问题的本质；不会犯教条主义错误。

平常的领导者心胸宽阔，谦虚包容[一]，善于听取别人的意见（尤其是不同意见）；不自负偏狭，不一意孤行；不自恋，亦不自欺。

平常的领导者，尊重人性，构建良性的激励与约束机制；注重分权和共享；注重培育人才生生不息的生态；注重激发组织成员的自主性，使组织进化在多个层次自发进行。

平常的领导者质朴、自然，善于与组织成员建立信任和伙伴关系；领导风格如春风化雨，温暖贴心；自我角色更像是赋能型教练，以成就他人为己任。

[一] 埃德加·沙因，彼得·沙因. 谦逊领导力[M]. 徐中，胡金枫，译. 北京：机械工业出版社，2020.

平常的领导者倡导并践行走动式管理，深入一线基层，与内部员工以及外部伙伴广泛接触，了解实际情况，掌握真实信息。

平常的领导者遵循法理情的管理原则；不崇尚权力，注重管理体系建设，推动企业按制度、流程、规范运行。

平常的领导者不需要鲜花、掌声，也不爱站在聚光灯下，身上看不出什么独特的禀赋，更没有明星的风采。

总之，平常型领导者是"无我"、道法自然的领导者。其所做决策，通常不会偏离大道（规律、趋势和核心价值观）；其做事的风格是水润万物——往往看上去波澜不惊。与之相对应的是英雄型领导者：充满魅力，拥有权威，超越众人，常常力排众议，在企业危急时刻力挽狂澜。在复杂、多变的环境中，企业的成长和进化，如果过于依托英雄型领导者，风险将会变得非常大。因为一旦出现战略失误，企业有可能陷入危险境地。而英雄型领导者出现决策失误，几乎是必然的。

我们将进化型领导者四方面领导力特质整合起来，形成了进化型领导者"四有"领导力素质模型（见图17-2）。

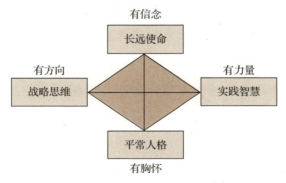

图17-2　进化型领导者"四有"领导力素质模型

后　记

2019年10月底，在第七届华夏基石十月管理高峰论坛上，我做了题为"企业进化的算法"的演讲。之所以选这个题目，是受人大研究生学兄甘华鸣关于计算学研究的启发。计算学认为，万物进化皆计算。复杂经济学的创始人布莱恩·阿瑟在其名著《复杂经济学：经济思想的新框架》中，将基于新技术的经济体系形成及扩张，描绘成包含六个步骤的算法。计算学原理以及阿瑟的宏观研究模型为我们思考企业进化问题提供了借鉴。对于绝大多数企业来说，进化并不是从颠覆性、革命性变化开始的，而是在现有基础上，以顾客价值增量为起点，以迭代为基本方式持续进行的。在这样的事实背景下，笔者提炼了适用于中国大部分实体经济企业的进化算法。

今年上半年，我对演讲提纲做了修改，按照新的框架完成了本书的写作。

感谢甘华鸣先生。在演讲准备过程中，我向他请教了计算学及算法方面的问题。但如果本书对相关知识的理解存有偏差，笔者承担全部责任。

感谢王春强先生。对于书中企业流程体系构建部分，他提出了许多建设性意见。

感谢马晓苗博士。我和她讨论过量子理论和管理思维创新的关系问题，很受启发。

感谢杜斌博士、何文辉先生。他们提供了一些上市公司的案例和数据资料。

感谢樊宏先生。他对本书进化型领导的领导力特质（"四有"）进行了提炼和概括。

感谢邢雷博士和段皎女士。他们对我的研究工作提供了多方面的支持。

感谢王亚红博士。她所做的文字处理工作卓有成效。

感谢华夏基石 e 洞察主编宋劲松先生，感谢华夏基石《洞察》杂志主编尚艳玲女士。他们为本书相关内容的讨论、分享提供了帮助。

感谢彭剑锋教授、陈春花教授、黄卫伟教授、杨杜教授、吴春波教授、肖知兴教授等。他们的思想和观点，给予本书丰富的营养。

感谢硕士研究生导师孙光德教授，感谢博士研究生导师陈荣秋教授。求学期间他们给我的教导，使我终身受益。

感谢父亲、母亲、太太和儿子。家人的支持，是我安心写作最重要的保障。

施炜
2020 年 9 月 6 日

彼得·德鲁克全集

序号	书名	要点提示
1	工业人的未来 The Future of Industrial Man	工业社会三部曲之一,帮助读者理解工业社会的基本单元——企业及其管理的全貌
2	公司的概念 Concept of the Corporation	工业社会三部曲之一揭示组织如何运行,它所面临的挑战、问题和遵循的基本原理
3	新社会 The New Society: The Anatomy of Industrial Order	工业社会三部曲之一,堪称一部预言,书中揭示的趋势在短短10几年都变成了现实,体现了德鲁克在管理、社会、政治、历史和心理方面的高度智慧
4	管理的实践 The Practice of Management	德鲁克因为这本书开创了管理"学科",奠定了现代管理学之父的地位
5	已经发生的未来 Landmarks of Tomorrow: A Report on the New "Post-Modern" World	论述了"后现代"新世界的思想转变,阐述了世界面临的四个现实性挑战,关注人类存在的精神实质
6	为成果而管理 Managing for Results	探讨企业为创造经济绩效和经济成果,必须完成的经济任务
7	卓有成效的管理者 The Effective Executive	彼得·德鲁克最为畅销的一本书,谈个人管理,包含了目标管理与时间管理等决定个人是否能卓有成效的关键问题
8	不连续的时代 The Age of Discontinuity	应对社会巨变的行动纲领,德鲁克洞察未来的巅峰之作
9	面向未来的管理者 Preparing Tomorrow's Business Leaders Today	德鲁克编辑的文集,探讨商业系统和商学院五十年的结构变化,以及成为未来的商业领袖需要做哪些准备
10	技术与管理 Technology, Management and Society	从技术及其历史说起,探讨从事工作之人的问题,旨在启发人们如何努力使自己变得卓有成效
11	人与商业 Men, Ideas, and Politics	侧重商业与社会,把握根本性的商业变革、思想与行为之间的关系,在结构复杂的组织中发挥领导力
12	管理:使命、责任、实践(实践篇) Management:Tasks,Responsibilities,Practices	为管理者提供一套指引管理者实践的条理化"认知体系"
13	管理:使命、责任、实践(使命篇) Management:Tasks,Responsibilities,Practices	
14	管理:使命、责任、实践(责任篇) Management:Tasks,Responsibilities,Practices	
15	养老金革命 The Pension Fund Revolution	探讨人口老龄化社会下,养老金革命给美国经济带来的影响
16	人与绩效:德鲁克论管理精华 People and Performance: The Best of Peter Drucker on Management	广义文化背景中,管理复杂而又不断变化的维度与任务,提出了诸多开创性意见
17	认识管理 An Introductory View of Management	德鲁克写给步入管理殿堂者的通识入门书
18	德鲁克经典管理案例解析(纪念版) Management Cases(Revised Edition)	提出管理中10个经典场景,将管理原理应用于实践

彼得·德鲁克全集

序号	书名	要点提示
19	旁观者：管理大师德鲁克回忆录 Adventures of a Bystander	德鲁克回忆录
20	动荡时代的管理 Managing in Turbulent Times	在动荡的商业环境中，高管理层、中级管理层和一线主管应该做什么
21	迈向经济新纪元 Toward the Next Economics and Other Essays	社会动态变化及其对企业等组织机构的影响
22	时代变局中的管理者 The Changing World of the Executive	管理者的角色内涵的变化、他们的任务和使命、面临的问题和机遇以及他们的发展趋势。
23	最后的完美世界 The Last of All Possible Worlds	德鲁克生平仅著两部小说之一
24	行善的诱惑 The Temptation to Do Good	德鲁克生平仅著两部小说之一
25	创新与企业家精神 Innovation and Entrepreneurship:Practice and Principles	探讨创新的原则，使创新成为提升绩效的利器
26	管理前沿 The Frontiers of Management: Where Tomorrow's Decisions Are Being Shaped Today	德鲁克对未来企业成功经营策略和方法的预测
27	管理新现实 The New Realities	理解世界政治、政府、经济、信息技术和商业的必读之作
28	非营利组织的管理 Managing the Non-Profit Organization : Principles and Practices	探讨非营利组织如何实现社会价值
29	管理未来 Managing for the Future:The 1990s and Beyond	解决经理人身边的经济、人、管理、组织等企业内外的具体问题
30	生态愿景 The Ecological Vision：Reflections on the American Condition	对个人与社会关系的探讨，对经济、技术、艺术的审视等
31	卓有成效管理者的实践（纪念版） The Effective Executive in Action: A Journal for Getting the Right Things Done	一本教你做正确的事，继而实现卓有成效的日志笔记本式作品
32	巨变时代的管理 Managing in a Time of Great Change	德鲁克探讨变革时代的管理与管理者、组织面临的变革与挑战、世界区域经济的力量和趋势分析、政府及社会管理的洞见
33	德鲁克看中国与日本：德鲁克对话"日本商业圣手"中内功 Drucker on Asia: A Dialogue between Peter Drucker and Isao Nakauchi	明确指出了自由市场和自由企业，中日两国等所面临的挑战，个人、企业的应对方法
34	德鲁克论管理 Peter Drucker on the Profession of Management	德鲁克发表于《哈佛商业评论》的文章精心编纂，聚焦管理问题的"答案之书"
35	21世纪的管理挑战 Management Challenges for the 21st Century	德鲁克从6大方面深刻分析管理者和知识工作者个人正面临的挑战
36	德鲁克管理思想精要 The Essential Drucker: The Best of Sixty Years of Peter Drucker's Essential Writings on Management	从德鲁克60年管理工作经历和作品中精心挑选、编写而成，德鲁克管理思想的精髓
37	下一个社会的管理 Managing in the Next Society	探讨管理者如何利用这些人口因素与信息革命的巨变，知识工作者的崛起等变化，将之转变成企业的机会
38	功能社会：德鲁克自选集 A Functioning society：Selections from Sixty-Five Years of Writing on Community,Society,and Polity	汇集了德鲁克在社区、社会和政治结构领域的观点
39	德鲁克演讲实录 The Drucker Lectures: Essential Lessons on Management, Society and Economy	德鲁克60年经典演讲集锦，感悟大师思想的发展历程
40	管理（原书修订版） Management(Revised Edition)	《管理：使命、责任、实践》一书的修订版，融入了德鲁克于1974～2005年间有关管理的著述

欧洲管理经典 全套精装

欧洲最有影响的管理大师
（奥）弗雷德蒙德·马利克 著

ISBN: 978-7-111-56451-5

ISBN: 978-7-111-56616-8

ISBN: 978-7-111-58389-9

转变：应对复杂新世界的思维方式

作者：应秋月 ISBN: 978-7-111-56451-5 定价：40.00元
在这个巨变的时代，不学会转变，错将是你的常态，
这个世界将会残酷惩罚不转变的人。

管理：技艺之精髓

ISBN: 978-7-111-59327-0 定价：59.00元
帮助管理者和普通员工更加专业、更有成效地完成
其职业生涯中各种极具挑战性的任务。

公司策略与公司治理：如何进行自我管理

ISBN: 978-7-111-59322-5 定价：59.00元
公司治理的工具箱，
帮助企业创建自我管理的良好生态系统。

正确的公司治理：发挥公司监事会的效率应对复杂情况

ISBN: 978-7-111-59321-8 定价：59.00元
基于30年的实践与研究，指导企业避免短期行为，
打造后劲十足的健康企业。

战略：应对复杂新世界的导航仪

ISBN: 978-7-111-56616-8 定价：60.00元
制定和实施战略的系统工具，
有效帮助组织明确发展方向。

管理成就生活（原书第2版）

ISBN: 978-7-111-58389-9 定价：69.00元
写给那些希望做好管理的人、希望提升绩效的人、
希望过上高品质的生活的人。不管处在什么职位，
人人都要讲管理，出效率，过好生活。

读者交流QQ群：84565875

明茨伯格管理经典

Thinker 50终身成就奖获得者，当今世界杰出的管理思想家

写给管理者的睡前故事
图文并茂，一本书总览明茨伯格管理精要

管理者而非MBA
管理者的正确修炼之路，管理大师明茨伯格对MBA的反思
告诉你成为一个合格的管理者，该怎么修炼

拯救医疗
如何根治医疗服务体系的病，指出当今世界医疗领域流行的9大错误观点，提出改造医疗体系的指导性建议

战略历程（原书第2版）
管理大师明茨伯格经典著作全新再版，实践战略理论的综合性指南

管理进行时
继德鲁克之后最伟大的管理大师，明茨伯格历经30年对成名作《管理工作的本质》的重新思考

明茨伯格论管理
明茨伯格深入企业内部，观察其真实的运作状况，以犀利的笔锋挑战传统管理学说，全方位地展现了在组织的战略、结构、权力和政治等方面的智慧

管理至简
专为陷入繁忙境地的管理者提供的有效管理方法

管理和你想的不一样
管理大师明茨伯格剥去科学的外衣、挑战固有的管理观，为你揭示管理的真面目

战略过程：概念、情境与案例（原书第5版）
殿堂级管理大师、当今世界优秀的战略思想家明茨伯格战略理论代表作，历经4次修订全新出版

战略过程：概念、情境与案例（英文版·原书第5版）
明茨伯格提出的理论架构，是把战略过程看做制定与执行相互交织的过程，在这里，政治因素、组织文化、管理风格都对某个战略决策起到决定或限制的作用